Wanderbuch
Emmental – Obera

Wanderungen durch die H

Inhalt

D1640592

Bahnpartner

Impressum

Herausgeber
Berner Wanderwege, Postfach, 3000 Bern 25
Bearbeitung/Redaktion
Andreas Staeger, Brienz
Kartografie
Markus Schluep, Bern
Konzept und Gestaltung
Moser Graphic Design, Bern
Druck
Jost Druck AG, Hünibach

© 2010 **Berner Wanderwege**,
Postfach, 3000 Bern 25

Bildnachweis
Berner Wanderwege, Bern, S. 10 l., 12, 17, 18, 20, 22, 24,
32, 36, 42, 46, 48, 50, 57, 58, 60, 69, 70, 72, 76, 78, 80,
86, 89, 94, 102,104, 106, 108, 111, 120, 123
Hans Kern, Eggiwil, S. 14, 34, 39, 121
Martin Alexander Moser, Interlaken, S. 10 r, 124
Markus Niederhauser, Münchenbuchsee, S. 82, 84
Emmental Tourismus, Langnau, Titelseite, S. 3, 26, 28, 30,
38, 40, 52, 54, 62, 64, 66, 92, 96, 112, 113, 128
BLS AG, Bern, S. 11
Region Oberaargau, Langenthal, S. 93
Schweizer Mittelland Tourismus, Bern, S. 44, 74, 88,
90, 98

Landschaft im Umbruch

«Sächs Stube sy im Bärner Hus – e jedi darf sech zeige! S het jedi öppis Schöns vorus, u Guets u öppis Eiges.» Mit diesen Worten wird die Vielgestaltigkeit der sechs Berner Stuben (Oberland, Mittelland, Emmental, Oberaargau, Seeland und Jura) besungen. Das vorliegende Wanderbuch «Emmental–Oberaargau» beschreibt ein besonders weites Spektrum verschiedenartiger Landschaften: Vom Felsbollwerk des Hohgant geht die Wanderung über lichte, sonnige Eggen, durch dunkle, tiefe, bewaldete Chrächen, hinaus in die sanfte, liebliche Welt der Wynigen- und der Buchsiberge, ins weite Aaretal und schliesslich zu den aussichtsreichen Jura-Höhen des Bipperamts.

In diesem praktisch zu jeder Jahreszeit begehbaren Wandergebiet werden Wandernde nur zu gerne die irrige Vorstellung revidieren, bloss die Bergwelt vermöchte die Erlebnislust zu stillen. Diese stille Landschaft ist dem Theatralischen abgeneigt, dafür dem Wunder am Wege umso offener. Und selbst der Kontakt zur einheimischen Bevölkerung kann nicht erzwungen, er muss erfühlt, manchmal sogar erdauert werden.

Findet man hier also noch ein Stücklein heile Welt? Gewiss, doch die stattlichen Bauernhöfe mit den mächtigen Walmdächern und die fruchtschweren Hofstätten täuschen auch etwas vor – nämlich eine Idylle, die im Grunde der Vergangenheit angehört. Wegen der unumgänglichen Liberalisierung steckt die Landwirtschaft in einem umfassenden Veränderungsprozess. Die Schattenseite: Rationalisieren heisst die Losung. Mehr und mehr wird der Mensch durch die Maschine, der «natürliche» Feldweg durch die landwirtschaftliche Strasse ersetzt. Und im Flachland bedrängen grosse Bauprojekte und die Zersiedelung bisher attraktive Wanderrouten. Diesem Umstand trägt das vorliegende Wanderbuch Rechnung, indem, wo immer möglich, unverstrasste, echte Wanderwege beschrieben werden.

Auch die zuverlässige Signalisation der Wanderrouten im Gelände trägt wesentlich zum unbeschwerten Wandererlebnis bei. Das Netz der Berner Wanderwege im Emmental und im Oberaargau wurde in jahrzehntelanger Arbeit auf- und ausgebaut. Das vorliegende Wanderbuch orientiert sich konsequent an den im Gelände signalisierten Routen.

Die Wanderbuch-Reihe der Berner Wanderwege fusst auf einer langen Tradition. Sie wurde in aufwendiger Kleinarbeit aufgebaut, an die viele Köpfe beteiligt waren. Besonderes Verdienst kommt dabei Rudolf Künzler zu. Der Ehrenpräsident der Berner Wanderwege legte den Grundstein für die Berner Wanderbücher in ihrer heutigen Konzeption. Für seinen langjährigen uneigennützigen Einsatz ist ihm der Verein zu grossem Dank verpflichtet.

Wer sich nun in diese abwechslungsreiche, vielseitige Landschaft aufmacht, wird sich selber vom Zinniker-Wort überzeugen können: «Die Welt offenbart uns ihren Reichtum erst, wenn wir ihn Schritt um Schritt mit wachem Geist erwandern!»

Andreas Staeger
Präsident Berner Wanderwege

Titelbild: Blick von der Lüderenalp in die weite Mulde des Emmentals und zum Gipfelkranz der Alpen.

Emmental und Oberaargau sind zwei Landschaften mit unverwechselbaren Charaktermerkmalen: einsamen Gehöften mit tiefgezogenen Dächern, vom Vieh zertretenen Weiden, dunklen Wäldern, der Linde auf dem höchsten Punkt des Hügels als Orientierungshilfe und der weiten Aussicht zu den Alpen und zum Jura.

Bild: Herbstlinde bei Heimisbach.

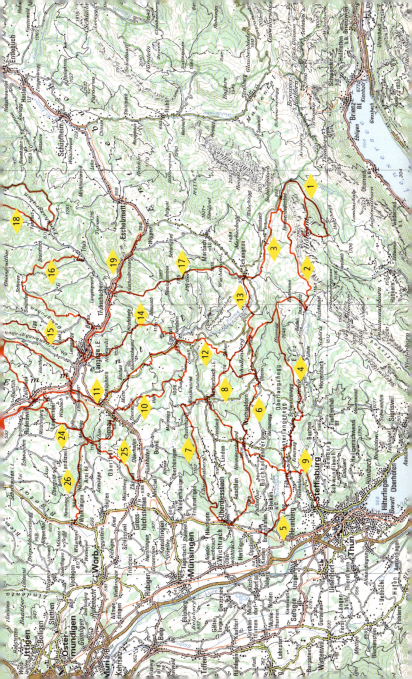

Routenverzeichnis

Mit dem ÖV zum Wanderweg

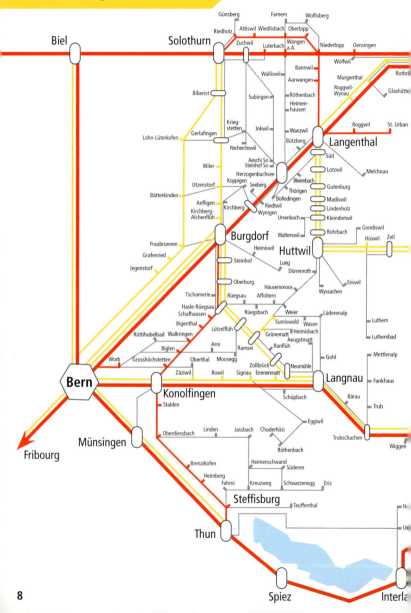

Günsberg · Farnern · Wolfisberg
Riedholz · Attiswil · Wiedlisbach · Oberbipp
Biel · Solothurn · Zuchwil · Niederbipp · Oensingen
Luterbach · Wangen a.A. · Wolfwil
Bannwil · Rothri
Walliswil · Murgenthal
Aarwangen · Roggwil-Wynau · Glashütte
Biberist · Röthenbach · Heimen-hausen
Subingen · Wanzwil · Roggwil · St. Urban
Krieg-stetten · Inkwil · Büttberg · Langenthal
Gerlafingen · Recherswil · Süd
Lohn-Lüterkofen · Aeschi So · Steinhof So · Lotzwil · Melchnau
Wiler · Herzogenbuchsee · Bleienbach
Utzenstorf · Koppigen · Seeberg · Thörigen · Gutenberg
Bätterkinden · Aefligen · Riedtwil · Madiswil
Kirchberg-Alchenflüh · Kirchberg · Wynigen · Lindenholz
Ursenbach · Kleindietwil
Walterswil · Rohrbach · Gondiswil · Zell
Fraubrunnen · Burgdorf · Heimiswil · Hüswil
Grafenried · Huttwil
Jegenstorf · Steinhof · Lueg · Dürrenroth
Oberburg · Häusernmoos · Eriswil
Tschamerie · Rüegsau · Affoltern · Wyssachen
Hasle-Rüegsau · Rüegsbach · Weier · Lüderenalp
Schafhausen · Sumiswald · Wasen · Luthern
Bigenthal · Lützelflüh · Grünematt · Heimisbach · Luthernbad
Rüttihubelbad · Walkringen · Arni · Ranflüh · Aeugstmatt
Biglen · Ramsei · Gohl · Mettlenalp
Worb · Grosshöchstetten · Oberthal · Moosegg · Zollbrück · Neumühle · Fankhaus
Bern · Zäziwil · Bowil · Signau · Emmenmatt · Langnau · Trub
Konolfingen · Schüpbach · Bärau
Stalden · Eggiwil · Trubschachen · Wiggen
Oberdiessbach · Linden · Jassbach · Chuderhüsi
Münsingen · Röthenbach
Brenzikofen · Heimenschwand · Süderen
Fribourg · Heimberg · Kreuzweg · Schwarzenegg · Eriz
Fahrni
Steffisburg · Teuffenthal
Thun · Ha
U
Spiez · Interla

8

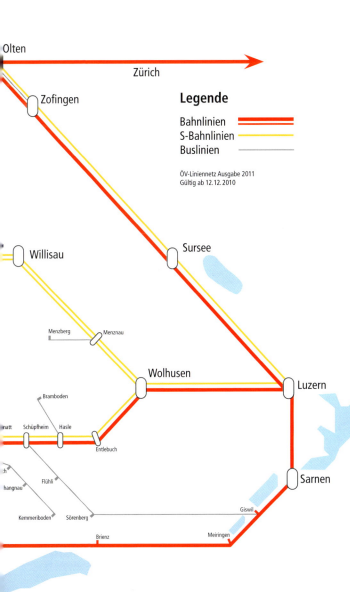

Olten

Zürich

Zofingen

Legende

Bahnlinien
S-Bahnlinien
Buslinien

ÖV-Liniennetz Ausgabe 2011
Gültig ab 12.12.2010

Willisau

Sursee

Menzberg Menznau

Wolhusen

Luzern

Bramboden

natt Schüpfheim Hasle

Entlebuch

h

hangnau Flühli

Sarnen

Kemmeriboden Sörenberg

Giswil

Brienz

Meiringen

Signalisation der Routen

Wandern im Kanton Bern ist dank der einheitlichen, zuverlässigen Signalisation ein reines Vergnügen!

Die angegebenen Wanderzeiten basieren auf einer Streckenlänge von 4,2 km in der Stunde. Besondere Wegverhältnisse, schwieriges Gelände, Steigungen und Gefälle sind mitberücksichtigt. Rastzeiten sind nicht eingerechnet.

Damit bei der Planung einer Wanderung der Schwierigkeitsgrad bereits mitberücksichtigt werden kann, sind die beschriebenen Wanderrouten mit einheitlichen Symbolen gekennzeichnet.

Wanderweg
Wege für jedermann.

Bergwanderweg
Die Begehung von Bergwanderwegen stellt höhere Anforderungen bezüglich Ausdauer, Bergtüchtigkeit, Trittsicherheit, zuweilen auch bezüglich Schwindelfreiheit.

Ausrüstung:
Festes Schuhwerk und der Witterung angepasste Kleidung.

Ausrüstung:
Feste Bergschuhe mit griffiger Sohle, Kälte-, Sonnen-, Wind- und Regenschutz gehören zur Grundausrüstung. Taschenapotheke, topografische Karte, Kompass und Höhenmesser leisten gute Dienste.

Gefahren:
Wanderwege können in der Regel gefahrlos begangen werden. Bei Nässe, Schnee und Eis ist die Rutschgefahr zu beachten.

Gefahren:
Witterungseinbrüche (Kälte, Wind, Regen, Schnee, Eis und Nebel) können unvermittelt auftreten. Vorsicht auf steilen und nassen Grashängen und beim Queren von Schneefeldern!

Zeichenerklärung

In den Höhenprofilen zu den Wanderrouten werden folgende Zeichen verwendet:

 Ausgangs- bzw. Zielpunkt

 Bahnstation

 Bus-/Postautostation

 Schiffstation

 Standseilbahnstation

 Luftseilbahnstation

 Gondelbahnstation

 Sesselbahnstation

 Siedlung oder Einzelgebäude

 Gaststätte

 Betten

 Nachtlager

 Schloss oder Ruine

 Wald

 Aussichtspunkt/Sehenswürdigkeit

Zeit-, Höhen- und Standortangaben

Die in den Höhenprofilen vermerkten Wanderzeiten beziehen sich immer auf den Ausgangspunkt der Route. Die Höhenangaben zu Ausgangspunkten, Zwischenzielen und Zielpunkten beziehen sich auf den genauen Verlauf der Wanderroute und nicht auf markante Geländepunkte; daher können sich gegenüber den Angaben auf den Landeskarten geringfügige Abweichungen ergeben. Die Angaben zu den Höhendifferenzen sind kumulierte Werte sämtlicher Aufstiegs- bzw. Abstiegspassagen im Verlauf der jeweiligen Wanderroute; sie sind auf 10 m gerundet.

Die Schreibweise von Flurnamen wandelt sich immer wieder – Dialekt löst Schriftsprache ab und umgekehrt. Die Bezeichnungen der Ausgangspunkte, Zwischenziele und Zielpunkte orientieren sich in der Regel an der Schreibweise auf den Wegweisertafeln der Berner Wanderwege.
In die Höhenprofile wurden Gaststätten aufgenommen, die möglichst direkt an der jeweiligen Wanderroute liegen. In grösseren Orten mit mehreren Gaststätten wurden zwecks besserer Lesbarkeit der Profile jeweils die am nächsten liegenden Betriebe berücksichtigt.

Emmental:
Routen 1–28

Wer bei der Erwähnung des Emmentals einzig an den goldenen Käse mit den grossen Löchern denkt, braucht sich noch keiner grossen Kenntnisse über diese Region zu rühmen. Das Emmental, die bucklige Landschaft im Osten des Kantons Bern, ist weder das Land, wo Milch zu Käse wird, noch die Verkörperung der «heilen Welt». Es ist vielmehr eine Gegend, wo die Welt noch nicht aus den Fugen zu geraten droht.

Traditionen werden hier nicht mit einem Seitenblick auf den Tourismus gepflegt. Sie sind selbstverständliches Bekenntnis zu echter Bodenständigkeit. Dem oft kargen Boden halten die Emmentaler die Treue – allen Widerwärtigkeiten zum Trotz. Selbst der Preis dafür wird (wenn auch nicht ohne Murren) in Kauf genommen.

Dafür ist das Emmental reich an echter Lebensqualität. Es lädt zu Ruhe, Beschaulichkeit und Erholung ein. Naturverbundenheit und Wortkargheit, gesundes Selbstbewusstsein, Zuverlässigkeit und Gastfreundschaft sind Merkmale der Emmentaler Bevölkerung. Auch die Landschaft zeigt eine faszinierende Vielfalt: Aussichtsreiche, mit üppigen Weiden überzogene Eggen werden von tiefen Chrächen mit dichtem Wald umgrenzt, und gegen die mit Karrenfeldern durchsetzten Wände von Hohgant und Schrattenflue prägt eine wilde Dynamik das Landschaftsbild.

Bild: Blick von der Moosegg über das Tal der Emme zu Schrattenflue, Hohgant und Alpenkette.

Kemmeriboden Bad–Schärpfeberg–Hohgant–Ällgäu–Kemmeriboden Bad

Bergwanderweg ab Schärpfeberg bis Ällgäu. Anspruchsvoller Aufstieg zum Furggengütsch, dem höchsten Punkt im Hohgant-Massiv. Eine Tour für Berggewohnte! Der Hohgant ist im Inventar der zu erhaltenden Landschaften von nationaler Bedeutung vermerkt und bildet zusammen mit dem Trogenmoos und dem Seefeld ein 23 km² grosses Naturschutzgebiet. Zu Beginn und am Schluss der Wanderung je 2 km Hartbelag, sonst durchwegs Naturweg. Die steilen An- und Abstiege sind bei nassem Boden nicht ungefährlich, weshalb für die Besteigung gute Schuhe mit griffiger Sohle unerlässlich sind. Bei Regen, Nebel oder Schnee ist von der Begehung dieser Route abzusehen.

Von der Bus-Endstation Kemmeriboden Bad führt ein Asphaltsträsschen der kräftig rauschenden Emme entlang zur Talenge, wo der Fluss in der tiefen Schlucht der «Wilden Bockten» einen schönen Wasserfall bildet. Beim Hinter Hübeli schwenkt das Strässchen in die sonnseitige Bergflanke ein und führt stark steigend hinauf zur Alp Schärpfeberg. Noch steiler und zunehmend ruppiger zieht sich nun ein schmaler Bergpfad teilweise über Treppenstufen durch den Steiniwald und zwischen Felsbändern und Karren hinauf zum Blockhaus SAC, das ausschliesslich der Naturbeobachtung dient.

Herrlicher Ausblick über das Quellgebiet der Emme zu den Hochalpen. Durch lockeren Bergwald und karge Alpweiden führt der Pfad in ein grosses Schotterfeld, das im Kessel zwischen Steinige Matte und dem Hauptgipfel des Hohgant liegt (Pkt. 1897). Der Aufstieg zum Furggengütsch dauert aber nochmals rund eine Stunde. Die Anstrengung wird mit einer grossartigen Panoramasicht belohnt, welche vom Säntis bis zu

Blick vom Hohgant südwärts

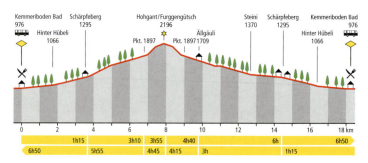

den Waadtländer Alpen reicht. Gewaltig ist aber auch der Ausblick nordwärts über das Emmental zu den Hügeln des Mittellandes und zum Jura.

Bis Pkt. 1897 wählt man für den Abstieg die Aufstiegsroute, schwenkt hier jedoch südwärts um und erreicht über steinige Weiden, zuweilen pfadlos, die Hütte Ällgäuli. Bereits nach 200 m verlässt man das Alpsträsschen und gelangt über die Bergwiesen des Ällgäu bei Pkt. 1595 auf den Fahrweg, der über Steini, Schärpfeberg und Hinter Hübeli zurück zum Ausgangspunkt Kemmeriboden Bad führt.

Hinfahrt: Mit Bus nach Kemmeriboden Bad
Rückfahrt: Ab Kemmeriboden Bad mit Bus
Weglänge: 18 km
Höhendifferenz: 1350 m Aufstieg, 1350 m Abstieg
Wanderzeit: 6 h 50 (Gegenrichtung: 6 h 50)

Gasthäuser am Weg

Hotel Kemmeriboden Bad 🛏🍴
Kemmeriboden, 6197 Schangnau
Tel. 034 493 77 77

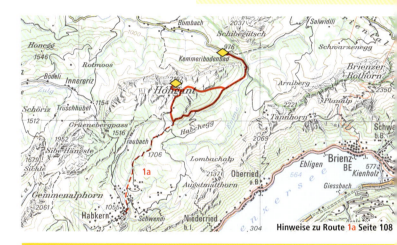

Hinweise zu Route 1a Seite 108

Das Unterste zuoberst

Als der liebe Gott das Oberland erschaffen hatte, so berichtet die Legende, seien von allen Gesteinsarten einige Brocken übrig geblieben. Daraus habe der Schöpfer den Hohgant, die Krone des Emmentals geformt. Zu den auffälligsten Eigenarten dieses Berges gehört der geologische Aufbau. Bei Ablagerungsgestein liegt die älteste Gesteinsschicht in der Regel zuunterst. Nicht so beim Hohgant. Hier scheint es, als seien das oberste und das unterste Bauelement miteinander vertauscht worden. Die Vielfalt an Gesteinen (Sandstein, Nagelfluh, Flysch, Mergel, Kalk) begünstigt eine überaus vielfältige Flora. Rund 600 Pflanzenarten sollen am Hohgant vertreten sein. Dabei stehen oft kalkfliehende und kalkliebende Gewächse direkt nebeneinander. Auch die Tierwelt ist erstaunlich vielfältig und reicht von Gämse, Reh, Murmeltier und Schneehase bis zu Haselhuhn und Birkhuhn. Sogar den Auerhahn (Bild) kann man gelegentlich sehen. Am eindrücklichsten ist jedoch der wuchtige Bergklotz mit seinen Felsbändern, Runsen und deutlich erkennbaren Gesteinsschichten.

Innereriz – Wimmisalp – Luterschwändi – Baumgarten – Kemmeriboden Bad

Bergwanderweg. Aussichtsreiche Hangwanderung unterhalb der mächtigen Fluhbänder der Hohgant-Nordseite. In stetem Auf und Ab folgt man steinigen Alpsträsschen und schmalen Weidepfaden und quert weglose Alpweiden. Unterwegs geschützte Hochmoore, abgelegene Berghöfe und zum Schluss eine eindrückliche Flusslandschaft. Durchwegs Naturweg. Bei nassem Wetter, Nebel oder Schnee ist von der Begehung dieser Route abzusehen.

Mächtig türmen sich die verwitterten Felsbänder des Hohgant auf (oberhalb Rotmoos)

Von der Bus-Endstation Innereriz/Säge taleinwärts halten und hinter den Ferienhäusern auf gutem Stufenweg durch schattigen Wald ansteigen. Am Waldrand schöne Einblicke in die rötlich leuchtenden Moorwiesen des Naturschutzgebiets Rotmoos, zum Grüenenbergpass, dem Übergang nach Habkern, und zur markanten Sichle, dem Passübergang zum Thunersee. In weiten Schlaufen zieht sich der Alpweg steil hinauf zum Heimet Ober Breitwang. Prächtiger Ausblick

zur Honegg und durchs Eriz westwärts. Ein guter Pfad quert unter den jäh aufragenden Flühen des Widderfeldes die Hochmulde von Hungerschwand. Hier blühen gelber und purpurner Enzian, heller und dunkler Eisenhut. Nach dem Gratübergang auf dem Alpsträsschen zur Wimmisalp. Schibengütsch und Schrattenflue setzen jetzt die landschaftlichen Akzente. Nun durch eine Felssturzzone, dann durch einen mit moosigen Blöcken durchsetzten Wald zu den Hütten von Gmeinenwängen.

In wechselndem Auf und Ab gehts durch zuweilen sumpfiges Gelände zur Hütte von Grossenstein. Von der Hangschulter bei Luterschwändi, direkt unter den imposanten Flühen des Hohgant, geniesst man einen herrlichen Blick in die Luzerner Voralpen. Dann beginnt der lange, zuweilen pfadlose, oft etwas morastige Abstieg über Jurten nach Baumgarten. Bei der Hütte steht ein prächtiger Bergahorn. Die Talwanderung der jungen Emme entlang nach Kemmeriboden Bad lässt alle Mühen des steilen Abstiegs vergessen.

Hinfahrt: Mit Bus nach Innereriz / Säge
Rückfahrt: Ab Kemmeriboden Bad mit Bus
Weglänge: 11,9 km
Höhendifferenz: 760 m Aufstieg, 820 m Abstieg
Wanderzeit: 4 h 10 (Gegenrichtung: 4 h 20)

Gasthäuser am Weg

Restaurant Säge 🛏️🍴
3619 Innereriz
Tel. 033 453 13 21

Restaurant Schneehas 🍴🛏️
3619 Innereriz
Tel. 033 453 18 38

Hotel Kemmeriboden Bad 🍴🛏️
Kemmeriboden, 6197 Schangnau
Tel. 034 493 77 77

Hinweise zu Route 2a Seite 108

Naturschutzgebiete und Riesen-Meringues

Das Naturschutzgebiet Rotmoos-Breitwang, ein rund 65 ha grosses Gebiet zwischen Chaltbach und der Strassenverbindung Eriz-Schangnau, steht seit 1944 unter Schutz. 122 seltene Pflanzenarten (absolutes Pflückverbot!) und 62 Vogelarten konnten hier beobachtet werden. Die extrem empfindliche Vegetation gestattet das Betreten nur auf speziell angelegten Pfaden.

Keine «Berührungsängste» kennen dagegen die weiterum berühmten Meringues, welche im Kemmeriboden Bad serviert werden. Das Haus bürgt auch sonst für emmentalische Gastfreundschaft. Früher zählte das Kemmeriboden Bad zu den 91 Heilbädern im Kanton Bern, deren Heilkraft ebenso berühmt war wie die vorzügliche Küche.

Schangnau – Buhütte – Bumbach / Büetschli – Schwand – Kemmeriboden Bad

Reizvolle Talwanderung im obersten Emmental, zu Füssen der Felsbastionen Hohgant und Schibengütsch. Unterwegs verschiedene Möglichkeiten zum gefahrlosen Planschen am Wasser. Kurze Hartbelagsstrecke einzig im Bereich Schangnau–Vordere Buhütte, sonst durchwegs Naturweg.

Die junge Emme – mal wild rauschend, dann wieder harmlos dahinplätschernd

Von der Bus-Endstation beim Gasthof Löwen in Schangnau kurz auf der Strasse abwärts gehen. Nachdem der Färzbach überschritten ist, folgt man diesem in einiger Entfernung zur im Talgrund liegenden Sägerei (Müli). Hier gehts über die Emmebrücke und auf dem Asphaltsträsschen in den bewaldeten Schwarzbach-Graben. Über eine Wiesenterrasse erreicht man den grossen Hof Vordere Buhütte, den eine mächtige Linde überragt. Beeindruckend ist der Blick zu den Fluhbändern des Hohgant.

Beim spruchverzierten Hof Hintere Buhütte steigt man direkt ans Emmeufer ab. Im Zusammenhang mit dem Bau einer Güterstrasse konnte hier ein Uferweg erstellt werden, der den Zugang zur Emme und deren Kiesbänken ermöglicht. Über die 1866 erbaute Mühlebrücke quert man den Bütlerschwandgraben und gelangt durch den Talboden zum Skilift Bumbach im Büetschli. Von der Holzbrücke weg bleibt man diesseits der Emme und hält dann durch eine Hohle recht steil zum Hof Bochti hinauf. Beinahe bedrohlich türmt sich von hier aus gesehen das Hohgant-Massiv auf: Der 1260 m höher gelegene Furggengütsch, die höchste Erhebung in diesem Bergzug, liegt bloss 2,6 km entfernt.

Schangnau		Büetschli		Kemmeriboden Bad
930	Hintere Buhütte 919	913	Chaltbach 944	Schwand 955	976

	0h50	1h15	1h40	2h	2h25
2h20	1h35	1h10	0h40	0h25	

0   2   4   6   8 km

Nun auf weichem Wiesenweg in den Wald und über Waldlichtungen hinunter zum Übergang über den Chaltbach. Fast ebenen Wegs geht es weiter taleinwärts zum Hof Schwand, über welchem eindrücklich der Felshöcker des Schibengütsch aufragt. Möglicherweise lässt sich unterwegs sogar ein Adler erspähen, horsten diese königlichen Raubvögel doch zuweilen in den Felstürmen der Schrattenflue. Nach nochmaligem kurzem Anstieg nähert sich der Weg wieder dem Flussufer und damit auch dem Wanderziel, dem Kemmeriboden Bad.

Das aus einer stattlichen Gruppe von Ründi-Häusern bestehende ehemalige Heilbad wurde früher bei Hautkrankheiten und bei Erkrankungen der Atemwege aufgesucht. Heute hat sich der Gastbetrieb auch als Seminarhotel einen Namen geschaffen. Reizvoll ist die Umgebung: Flussaufwärts finden sich viele Stellen, an denen auch mit Kindern gefahrlos geplanscht und gebrätelt werden kann.

Hinfahrt: Mit Bus nach Schangnau
Rückfahrt: Ab Kemmeriboden Bad mit Bus
Weglänge: 8,6 km
Höhendifferenz: 320 m Aufstieg, 270 m Abstieg
Wanderzeit: 2 h 25 (Gegenrichtung: 2 h 20)

Gasthäuser am Weg

Hotel Löwen 🛏
6197 Schangnau
Tel. 034 493 32 01

Gasthof Rosegg 🛏🍴
Bumbach / Büetschli,
6197 Schangnau
Tel. 034 493 34 37

Hotel Alpenrose 🛏
Bumbach, 6197 Schangnau
Tel. 034 493 31 33

Hotel Kemmeriboden Bad 🛏🍴
Kemmeriboden, 6197 Schangnau
Tel. 034 493 77 77

Schangnau

«Schongow» hiess einst das Tal der vielen Wäldchen, und zwei seiner Merkmale zeigt auch das Gemeindewappen: Emme und Wald. 1389 erwarb der Bernburger Jost zum Wald die Rechte über Schangnau. «Zum Wald» heisst noch heute ein Weiler an der Grenze gegen Marbach. 1420 gingen die Rechte an die Stadt Bern über.

Kirchlich war Schangnau lange dem Kloster Trub unterstellt. 1530 erhielt es ein eigenes Kirchlein. Das heutige stammt von 1618, die Kanzel von 1657. Im Villmergerkrieg (1656) wurde es bei einem Überfall der Luzerner zerstört. Diese raubten die Glocken und legten das Pfarrhaus in Schutt und Asche. 1965 wurde die Kirche restauriert und unter Bundesschutz gestellt. Besonders stolz ist man in Schangnau auf die schönen alten Holzbrücken, welche sich auf dem Gemeindegebiet befinden.

Schwarzenegg–Chnubelhütte–Honegg–Unter Scheidzun–Innereriz

Spätherbst im Innereriz mit Blick zum frisch verschneiten Hohgant

Landschaftlich wunderschöne Längsüberschreitung der waldreichen Honegg, eines markanten Hügelzugs zwischen den tiefen Gräben von Zulg, Rotache und Emme. Unterwegs prächtige Ausblicke zum Hohgant, dem Bollwerk des Emmentals, zur Sichle, dem Passübergang ins Justistal, und in die Hochalpen. Kaum Hartbelag.

Früher zu Steffisburg kirchhörig, erhielt Schwarzenegg 1693 seine weitherum sichtbare eigene Kirche, um dem damals stark verbreiteten Täuferwesen zu begegnen. Der Ort gehört zur Gemeinde Unterlangenegg, in deren Wappen zwei Burgen an die frühere Zugehörigkeit zu Steffisburg erinnern. Schwieriger ist dagegen die geografische Zuordnung der Landschaft. Politisch zählt das Gebiet zum Amtsbezirk Thun, doch Landschaft und Ortsstrukturen sind stark vom Emmental geprägt.

Von der Bushaltestelle Schwarzenegg am östlichen Dorfrand auf der Hauptstrasse bis zum Friedhof. Diesem entlang schwenkt man südwärts in die weite Hochfläche und kreuzt bei Düren die Erizstrasse. Breit und fast gänzlich bewaldet überragt der Rücken der Honegg die Umgebung und gibt damit die Wanderrichtung vor. Teilwei-

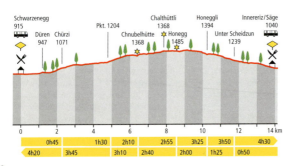

se pfadlos geht es erst dem Waldrand entlang, dann führt ein holpriger Waldweg steil zum Hof Chürzi hinauf. Dieses Wegstück stellte vor dem Strassenbau in der Mitte des 19. Jh. die einzige Verbindung von Schwarzenegg ins Eriz dar.

Besonders schön liegt der Hof Hinter Chapferen. Während voraus die Fluhwände von Hohgant, Solflue und Sigriswilgrat beeindrucken, überblickt man rückwärtsschauend das Thuner Westamt und die Höhenrücken von Gurnigel, Längenberg und Guggershörnli. Eine weitere Steilstufe ist bei Pkt. 1224 zu überwinden. Stets der Gratrippe folgend erreicht man die in einer Waldlichtung liegende Chnubelhütte. Herrlicher Blick zu den Bergen des Kandertales. Nordwärts in den Wald schwenkend gewinnt man die Grathöhe der Honegg.

Vom Chalthüttli weg werden die Ausblicke immer fesselnder. Nach Pkt. 1485 führt der Weg meist dem Waldrand entlang, ein echter Panoramaweg hoch über dem Eriz: Herrlicher Blick zu Sigriswilgrat und Solflue, zum Niesen und zur Stockhornkette. Über dem Grüenenbergpass gleissen die Gipfel der Jungfraugruppe. In der Senke oberhalb Honeggli beginnt der recht steile Abstieg über Unter Scheidzun, dann der rötlich leuchtenden Hochmoorebene von Rotmoos entlang nach Innereriz/Säge.

Hinfahrt: Mit Bus nach Schwarzenegg
Rückfahrt: Ab Innereriz/Säge mit Bus
Weglänge: 14,2 km
Höhendifferenz: 770 m Aufstieg, 640 m Abstieg
Wanderzeit: 4 h 30 (Gegenrichtung: 4 h 20)

Gasthäuser am Weg

Restaurant Bären
3616 Schwarzenegg
Tel. 033 453 11 12

Restaurant Dream Valley Saloon ⊨
3616 Schwarzenegg
Tel. 033 453 25 88

Restaurant Kreuz
3616 Schwarzenegg
Tel. 033 453 13 12

Restaurant Säge ⊨⊨
3619 Innereriz
Tel. 033 453 13 21

Restaurant Schneehas ⊨⊨
3619 Innereriz
Tel. 033 453 18 38

Zwischen Rotache und Zulg

Die West- und die Südflanke der Honegg werden von zwei vermeintlich zahmen Flüsschen entwässert. Dass diese aber zu gefährlichen Wildbächen anschwellen können, lässt sich schon aus den tief eingefurchten Wasserläufen erahnen. Rudolf von Tavel schreibt in seiner Erzählung «Jä gäll, so geit's!» über die Rotache: «Das isch ekeis sanfts Wässerli, höchstens öppen im heissiichte Summer. Aber im Früehlig, und de gar no bi Schneeschmelzi und Rägewätter, chunnt sie gwaltig bruun wie ne Mählsuppe. (…) Ds Bachbett lyt stundewyt im wilde, verwurzlete Bärgwald und isch voll mächtigi Steiblöck. Uwirsch und zerstörerisch het d'Roteche derzwüsche gschuumet und donneret. Tanne, Züün und chopfgrossi Chislige het sie bärgab tröhlet, und kei vernünftige Möntsch hätti's gwagt, sy Wäg dür di Verheerung düre z'sueche.»

Brenzikofen – Lueghubel – Allmit – Fuchsegg – Schwarzenegg

Kurzer Aufstieg und aussichtsreiche Höhenwanderung über die sanften Hügel zwischen Rotache und Zulg. Besondere Beachtung verdienen die vielen stattlichen Einzelhöfe und deren prächtige Blumenzier, die von Heimatliebe und Besitzerstolz zeugen. Am Schluss der Wanderung längeres Teilstück auf Hartbelag.

Blütenpracht an einem Obstbaum bei Brenzikofen

steigt sachte Richtung Schlucht-Eingang an. Unterwegs erfreuen hübsche Bachmotive. Kurz nach dem Rastplatz mit Feuerstelle über das Brücklein halten und auf rauem Weg durch den steilen Waldhang bergwärts. Beim Austritt aus dem Wald überrascht einen die Weite der Landschaft. Vorerst fast ebenen Wegs, dann wieder stärker ansteigend zur Häusergruppe Lueg und zum grossen Hof Lueghubel in herrlicher Aussichtslage östlich des wenig höheren Wachthubels. Der Blick über die Thunersee-Gegend zu den Kandertaler Bergen und zur Stockhorn-Gantrisch-Kette ist überwältigend.

Die Höhenwanderung über die Allmit zur Fuchsegg gewährt eine prächtige Sicht auf den mit unzähligen Höfen übersäten Sonnenhang des Buchholterbergs und zum Kirchdorf Heimenschwand. Bereits ist aber auch der schlanke Kirchturm von Schwarzenegg sichtbar, dahinter der Waldrücken der Honegg und die zackigen Grate von der Schrattenflue bis zum Sigriswiler Rothorn. Die stattlichen Höfe von Hinderzüne und Ried mit ihrer üppigen Blumenzier und der lauschige Kirchplatz in Schwarzenegg trösten über die zurückliegende 45-minütige Asphalt-Wanderung hinweg.

Vom Bahnübergang bei der Station Brenzikofen südwärts dem Bahngeleise entlang bis zum Camping-Platz. In geringem Abstand folgt man nun der Rotache zur Häusergruppe Boden und

Brenzikofen 577 — Boden 592 — Lueg 802 — Lueghubel 907 — Allmit 895 — Fuchsegg 829 — Hinderzüne 845 — Ried 865 — Schwarzenegg 976

| 0 | 2 | 4 | 6 | 8 | 10 km |

| 1h10 | 1h40 | 2h10 | 3h |

| 2h35 | 1h40 | 1h15 | 0h40 |

Hinfahrt: Mit Bahn nach Brenzikofen
Rückfahrt: Ab Schwarzenegg mit Bus
Weglänge: 10,3 km
Höhendifferenz: 470 m Aufstieg, 120 m Abstieg
Wanderzeit: 3 h (Gegenrichtung: 2 h 35)

Gasthäuser am Weg

Gasthaus zum Bahnhof
3671 Brenzikofen
Tel. 031 771 02 93

Restaurant Dream Valley Saloon ⊢⊣
3616 Schwarzenegg
Tel. 033 453 25 88

Restaurant Kreuz
3616 Schwarzenegg
Tel. 033 453 13 12

Restaurant Bären
3616 Schwarzenegg
Tel. 033 453 11 12

Hinweise zu Route 5a Seite 109

Von bösen und von guten Geistern

Aus der Ebene westlich von Brenzikofen erhebt sich ein halbkugelförmiger Hügel, das Oppligenbärgli. Es sei ein Werk des Teufels, berichtet die Sage. Als die Stadt Bern erbaut worden sei, habe der Böse im Zorn deren Zerstörung beschlossen. Viele Steinblöcke trug er auf die Falkeflue, um die junge Stadt damit zu bewerfen. Das Unternehmen misslang. In schäumender Wut riss er einen Felsblock aus der Fluhwand und schleuderte diesen Richtung Bern. Die Kraft reichte aber nicht aus. Darum fiel der Block schon in der Oppliger Ebene zu Boden und bildet seither das Oppligenbärgli.

Anders hätten sich dagegen die guten Zwerglein in der Rotache-Schlucht verhalten. Sie waren den Menschen überaus gut gesinnt und verrichteten für diese auch viel mühsame Arbeit: Sie mähten das Gras, pflückten im Herbst das Obst, und trat der Bauer in den Stall, waren die Kühe oft schon gemolken und die Milch zu prächtigen Butterballen verarbeitet. In der Nacht streuten sie zuweilen sogar Goldkörner in den Bach.

Das Oppligenbärgli zeugt noch heute von des Teufels Wut. Wer dagegen in der Rotache nach Goldkörnern sucht, muss schon ganz genau hinschauen …

Oberdiessbach–Falkeflue–Heimenschwand–Wachseldornmoos–Süderen

Blick von der Falkeflue Richtung Emmental

Sehr abwechslungsreiche Höhenwanderung, die eine Vielzahl von Eindrücken vermittelt: historisch wertvolle Gebäude in den Ortschaften, prächtige Aussichtspunkte, abgeschiedene Bergwiesen, ein geschütztes Hochmoor-Gebiet und harzduftende Wälder. Steilaufstieg zu Beginn der Wanderung. Anschliessend geringe Höhendifferenzen. Teilstücke auf Hartbelag.

Allein schon wegen seiner beiden im Osten des Dorfes gelegenen Schlösser lohnt sich eine gründliche Besichtigung von Oberdiessbach, zeigen diese doch «in exemplarischer Weise die Entwicklung des Herrschaftshauses von der Burg zur Campagne» (nach dem «Kunstführer durch die Schweiz»). Das Neue Schloss in prächtiger Gartenanlage wurde 1668 von Albrecht von Wattenwyl erbaut und

befindet sich noch heute in Privatbesitz. Es handelt sich um einen Bau der späten französischen Renaissance mit prächtiger Schlossallee.
Von der Station Oberdiessbach dem Diessbach entlang ins Dorfzentrum, dort südwärts am Landsitz Diessehof vorüber auf steilem Strässchen zum Wald hinauf. Schöner Rückblick auf das Dorf und durchs Chise-Tal nach Konolfingen.

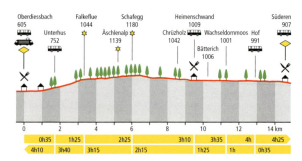

Durch den Wald geht es weiter steil aufwärts zu den Höfen von Unterhus und über eine waldgesäumte Weide zur Gratkante der Falkeflue (Deltasegler-Startrampe). Packender Tiefblick und Ausblick über das Aaretal zum fernen Chasseral. Am südlichen Plateau-Rand überschaut man plötzlich ein Stück des Thunersees und den weiten Gipfelkranz des Berner Oberlands.

Die prächtige Höhenwanderung über Äschlenalp zur Schafegg gibt abwechslungsweise die Sicht auf die Berge oder ins breite Tal von Linden frei. Im Osten begrenzen Titlis, Schibegütsch und Hohgant den Horizont. Davor liegt in flachwelliger Hügellandschaft das stattliche Dorf Heimenschwand mit schöner Kirche und stattlichen Einzelhöfen. Das Dorf wird über Chrüzholz erreicht und durchquert, der Weiler Bätterich nördlich umgangen. Dann senkt sich ein Forstweg in die Mulde des Wachseldornmooses. In diesem nordisch anmutenden Naturschutzgebiet wurde früher Torf gestochen. Besonders hübsch ist das kleine Seelein am östlichen Saum des Hochmoors. An der Häusergruppe Hof vorüber geht es in den Wald und auf einem Erschliessungssträsschen über den Süderenhubel nach Süderen und zur Bus-Station Süderen-Oberei hinab.

Hinfahrt: Mit Bahn nach Oberdiessbach
Rückfahrt: Ab Süderen-Oberei mit Bus
Weglänge: 14,9 km
Höhendifferenz: 710 m Aufstieg, 410 m Abstieg
Wanderzeit: 4 h 25 (Gegenrichtung: 4 h 10)

Gasthäuser am Weg

Restaurant Löwen
3672 Oberdiessbach
Tel. 031 771 02 01

Cafe Bistro Moschti
3672 Oberdiessbach
Tel. 031 771 15 15

Restaurant Bären
3615 Heimenschwand
Tel. 033 453 15 14

Gasthof zum Bären ⊨⊣ ⊢⊣
3618 Süderen
Tel. 033 453 15 12

Das Wachseldornmoos – ein geschütztes Hochmoor

Seggenflächen, Schilfbestände, Brackwasser, ja sogar ein kleines Seelein – all das findet man im geschützten Wachseldornmoos. Torfhütten und ein schnurgerader Weg weisen darauf hin, dass hier einst Torf abgebaut wurde. Heute steht das Wachseldornmoos unter Naturschutz.

Die Hochmoor-Entstehung begann erst vor etwa 8000 Jahren. In Gegenden mit hohen Niederschlägen (Voralpen, Alpen und Jura) verhinderte der Seggen- und Schilftorf das Durchdringen des nährstoffreichen Grundwassers bis zur Oberfläche. Da die Mineralstoffe durch das Regenwasser aus der Vegetationsschicht ausgewaschen wurden, überlebten nur anspruchslose Pflanzenarten (z.B. Moose). Weil die absterbenden Pflanzenteile im feuchten, sauren Untergrund nicht abgebaut werden, wachsen die Hochmoore ständig. Der Zuwachs beträgt allerdings bloss einen Millimeter pro Jahr. Dennoch erhöht sich die Vegetationsschicht allmählich über das Niveau der Umgebung.

Oberdiessbach–Äbersold–Chuderhüsi–Würzbrunnen–Röthenbach i.E.

Prächtige Höhenwanderung über den langen Rücken des Churzenbergs. Unterwegs einzigartige Aussichtspunkte, ein Aussichtsturm mit einer bewegten Geschichte, eine vielbesuchte Gaststätte und das älteste Gotteshaus im Emmental. Den Ausgangs- und Endpunkt der Wanderung bilden zwei stattliche Dörfer mit historisch bemerkenswerten Bauten. Teilstücke auf Hartbelag.

Das schmucke Würzbrunnen-Kirchlein

Von der Station Oberdiessbach erst zur Kirche und dann der Chise folgend zum Friedhof. Hier beginnt die lange Steigung, die es bis zum Höhenrücken des Churzenbergs zu überwinden gilt. Auf dem Güggel prachtvoller Ausblick nach Süden. Nun beginnt eine zweistündige mühelose Höhenwanderung, während der sich Aussichtspunkt an Aussichtspunkt reiht. Vom Barschwandhubel weg geht es zuerst durch Hochwald, in welchem zuweilen noch die Wunden feststellbar sind, die der Orkan «Lothar» 1999 geschlagen hat. Am Chnubel führt der Weg ins offene Gelände und senkt sich leicht zu den vorderen Gehöften von Äbersold. Von der zweiten Häusergruppe windet sich ein Betonsträsschen zum Waldrand empor. Grossartige Ausblicke zum Alpenkranz und über das Aaretal zum Jura. Über Ringgis bis Müliseile stehen ein Schattenweg über den Waldgrat und ein sonnseitiger Weg durch die Südflanke wahlweise zur Verfügung, wobei der Schattenweg ebenfalls prächtige Ausblicke vermittelt. Am Waldrand östlich von Müliseile besteht die Möglichkeit zu einem zehnminütigen Abstecher am 42 m hohen hölzernen Aussichtsturm im Goucherewald, einem Wahrzeichen der Gegend. Auch der Weg weiter zum Hotel Chuderhüsi bie-

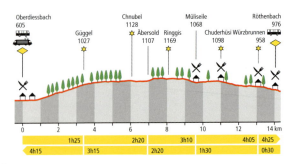

tet viel fürs Auge. Umrahmt von Schrattenflue, Schibengütsch und Hohgant steht das Würzbrunnen-Kirchlein im Mittelpunkt des Ausblicks. In einer weit ausholenden Schlaufe umgeht der Wanderweg den Asphalt und führt an dem historisch interessanten baulichen Kleinod vorüber direkt hinunter nach Röthenbach i.E.

Hinfahrt: Mit Bahn nach Oberdiessbach
Rückfahrt: Ab Röthenbach mit Bus
Weglänge: 14,5 km
Höhendifferenz: 750 m Aufstieg, 540 m Abstieg
Wanderzeit: 4 h 25 (Gegenrichtung: 4 h 15)

Gasthäuser am Weg

Restaurant Löwen
3672 Oberdiessbach
Tel. 031 771 02 01

Cafe Bistro Moschti
3672 Oberdiessbach
Tel. 031 771 15 15

Bergrestaurant Ringgis
Ringgis, 3673 Linden
Tel. 031 771 11 82

Café-Bar Edelweiss
3538 Röthenbach i. E.

Restaurant Chuderhüsi
⊨
Chuderhüsi, 3538
Röthenbach i.E.
Tel. 034 491 14 22

Restaurant Kafi-Schöpfli
Würzbrunnen, 3558
Röthenbach i.E.
Tel. 034 491 11 07

Restaurant zum Bären
3538 Röthenbach i.E.
Tel. 034 491 14 02

Restaurant Moospintli
3538 Röthenbach i. E.
Tel. 034 491 20 01

Die älteste Kirche im Emmental

Das Würzbrunnen-Kirchlein gilt auch heute noch als eine der beliebtesten Hochzeitskirchen im Kanton Bern. Die ehemalige Wallfahrtskirche St. Stephan, eine romanische Anlage mit reicher spätgotischer und spätbarocker Ausstattung, wurde 1148 erstmals erwähnt und war dem Cluniazenserkloster Rüeggisberg zugehörig. Sie diente später als Pfarrkirche von Röthenbach, bis dort 1904 eine Kirche erbaut wurde. Besonders erwähnenswert sind: Fresken am Eingang 15. Jh., Flachschnitzereien an der Decke aus der Zeit des Wiederaufbaus nach dem Brand von 1494, Sprüche und Ornamente an den Wänden 1779, Orgel 1785, Vinzenzenscheibe im Chor ca. 1520, Taufstein 14. Jh., Kanzel 17. Jh., Schliffscheibe 1749, Sonnenuhr. Unter dem Vordach ist ein altes Wolfsnetz aufgehängt. Die Kirche steht unter Bundesschutz. Kleiner Kunstführer und Schlüssel im Nachbarhaus erhältlich.

Röthenbach i.E.–Natersalp–Schallenberg–Honegg–Innereriz

Im innersten Emmental: Blick Richtung Schibengütsch, Brienzergrat und zu den leuchtenden Spitzen der Hochalpen.

Prächtiger Querschnitt durch die Alp- und Waldlandschaft zwischen Rötebach, Emme und Zulg. Diese Wanderung ermöglicht nicht allein Einblicke in das harte Leben der Bergbauern, sie gewährt auch herrliche Ausblicke über das grüne Hügelland zu den unmittelbar aufragenden Felswänden von Schibengütsch und Hohgant und in die Hochalpen. Wenig Hartbelag.

Röthenbach i.E. ist das Zentrum der fünftgrössten emmentalischen Gemeinde. Die Hälfte des 37 km² umfassenden Gemeindegebiets ist Wald. Von der Bus-Station erst durch den schmalen Talboden an den Rötebach und diesen waldwärts queren. Stark steigend führt das Strässchen zu den auf einer Höhenterrasse gelegenen Höfen

von Nägelisbode. Doch erst auf der Natersalp ist die Steigung bewältigt. Hier befindet man sich auf einem der schönsten Aussichtspunkte des Emmentals: Der Blick in den Thunersee-Raum, zu den Voralpen-Gipfeln, zu den Firnfeldern der Kandertaler Berge sowie zu Schibengütsch und Hohgant ist unvergleichlich. Auch der Gang über

den langen Hügelkamm nach Hinter Naters ist beglückend.

An den Hütten von Gabelspitz vorüber erreicht man in leichtem Auf und Ab die Schallenberg-Passhöhe. Am geschützten Gabelspitzstein vorüber steigt man zu den Hütten von Schinegg. Über die Grathöhe geht es zur lindengekrönten Kuppe des Turner. Herrlicher Blick ins Tal von Bumbach zu Schibengütsch und Hohgant und zum lückenlos bewaldeten Nordhang der Honegg, der nun ebenfalls noch zu queren ist. Auf dessen Scheitelpunkt (Pkt. 1393) überblickt man nicht bloss das innerste Eriz mit den Passübergängen nach Habkern und nach Merligen, auch die nächsten Routenziele Unter Scheidzun, Rotmoos und Innereriz sind in der Tiefe sichtbar.

Hinfahrt: Mit Bus nach Röthenbach i.E.
Rückfahrt: Ab Innereriz/Säge mit Bus
Weglänge: 14,4 km
Höhendifferenz: 850 m Aufstieg, 630 m Abstieg
Wanderzeit: 4 h 40 (Gegenrichtung: 4 h 25)

Gasthäuser am Weg

Restaurant zum Bären
3538 Röthenbach i.E.
Tel. 034 491 14 02

Restaurant Moospintli
3538 Röthenbach i. E.
Tel. 034 491 20 01

Berghaus Gabelspitz ⊨⊣
Schallenberg, 3537 Eggiwil
Tel. 034 491 16 12

Restaurant Säge ⊨⊣ ⊢⊣
3619 Innereriz
Tel. 033 453 13 21

Restaurant Schneehas ⊨⊣ ⊢⊣
3619 Innereriz
Tel. 033 453 18 38

Wassernot im Emmental

Die riesigen Waldungen an der Honegg haben ihren Stellenwert als Nutzholz-Lieferant weitgehend eingebüsst. Unverzichtbar sind sie aber als Schutzwald zur Verhinderung von Erdrutschen und vor allem zur Regulierung des Wasserhaushalts im Boden. Mit Beklemmung liest man Jeremias Gotthelfs Erzählung über die Wassernot im Emmental vom 13. August 1837: Ein furchtbares Gewitter hatte sich an der Honegg entladen. Sturzbäche tosten nieder und trieben den Rötebach über die Ufer. Bäume, ganze Hauswände und Dachseiten trug er fort. Die Niederungen überschwemmte er, und nicht einmal die Emme vermochte seine Wassermassen aufzunehmen. Bis nach Zollbrück wurde jede Brücke mitgerissen und erst jene von Lützelflüh blieb wie durch ein Wunder verschont. In den klimatisch wieder unruhigeren Zeiten unserer Tage gewinnt darum der Schutzwald erneut an Bedeutung.

Röthenbach i.E.−Heimenschwand−Fahrni−Waggelistäg−Steffisburg

Abwechslungsreiche Wanderung aus dem Herzen des Oberemmentals ins weite Aaretal. Aussichtsreiche Hügelkuppen wechseln mit tief eingeschnittenen Bachläufen, fast unbegrenzte Weite mit eng umgrenzter Abgeschiedenheit, typisches Einzelhof-Gebiet mit städtischer Siedlungsweise. Teilstücke mit Hartbelag auch ausserhalb der Siedlungen.

Das Emmental hat viele Gesichter. Wer dieses Berg- und Hügellabyrinth ergründen will, braucht Einfühlungsvermögen und Geduld.

Von der Bus-Endstation Röthenbach i.E. erst einige Schritte auf der Linden-Strasse dorfauswärts, über den Jassbach zum Waldrand hin abschwenken und einer Bachrunse entlang steil ansteigend auf die Weide von Stouffenbrunnen. Ein kurzweiliger Weg führt nun durch Waldlichtungen und über Weiden nach Hinterstouffen hinauf. Schöner Ausblick Richtung Aaretal und zum bewaldeten Rücken der Honegg.

Auf einem Fahrweg gelangt man an einer geschützten, wohl annähernd 600-jährigen gewaltigen Steineiche vorüber zum von schönen Bäumen beschatteten prächtig gelegenen Hof Vorderstouffen. Herrlich der Blick über die mit Einzelhöfen und Weilern bestückte Hochebene hinweg zur Stockhorn-Kette und zu den Gipfeln der Vor- und Hochalpen.

Nun hält man sich an den Waldrand, steigt zur Strasse Jassbach−Heimenschwand ab, kreuzt diese nahe dem Schlegwegbad und wechselt durch das Chrüzholz ansteigend nach Heimenschwand. Das Dorf bildet zusammen mit den vielen Höfen und Weilern der Umgebung die Gemeinde Buchholterberg. Im Wappen zeigt diese eine grüne Buche, ebenso typisch für die Gegend ist aber der überaus reiche Blumenschmuck vor und an den Bauernhäusern.

Die Hochebene quert man südwärts über Mülimatt und Ey und steigt anschliessend recht steil zum Rotachestäg hinunter, der den eingezwängten schäumenden Bach überspannt. In weit ausholenden Schlaufen erklimmt der Weg den steilen Gegenhang zur Höhe von Allmit, bevor er sich anfänglich mässig sinkend über Fahrni und

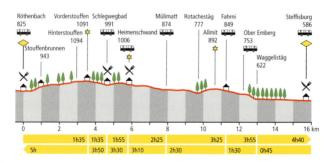

Ober Emberg dem Zulg-Graben nähert. Ungemein steil ist der Abstieg zum abenteuerlichen Waggelistäg, der seinem Namen alle Ehre antut. Nun folgt noch eine beschauliche 45-minütige Flussufer-Wanderung ins Zentrum von Steffisburg.

Hinfahrt: Mit Bus nach Röthenbach i.E.
Rückfahrt: Ab Steffisburg mit Bus
Weglänge: 16 km
Höhendifferenz: 560 m Aufstieg, 800 m Abstieg
Wanderzeit: 4 h 40 (Gegenrichtung: 5 h)

Gasthäuser am Weg

Restaurant zum Bären
3538 Röthenbach i.E.
Tel. 034 491 14 02

Restaurant Bären
3615 Heimenschwand
Tel. 033 453 15 14

Tea-Room Spatz
3612 Steffisburg
Tel. 033 437 33 66

Restaurant Schlegwegbad
Bei Jassbach,
3673 Linden
Tel. 031 771 13 52

Restaurant Adler
3612 Steffisburg
Tel. 033 437 77 70

Chnorz, Cholder und Chrache

Der berndeutsche Dialekt weist eine erfreuliche Vielfalt an Ausdrucksformen auf. Anwendungsmöglichkeiten gibt es auch auf der vorstehend beschriebenen Route mehr als genug: Geht man zum Beispiel einen Aufstieg mühsam, vielleicht sogar gegen innere Widerstände kämpfend an, so nennt man dies «es Gchnorz», und der langsam Arbeitende ist «e Chnorzi» («chnorze» = sich abmühen, sich abrackern). Gedeiht dieses Sich-Abrackern gar bis zum Überdruss, dann stellt sich oft sogar der «Cholder» (Koller, Reizbarkeit, Trotz) ein. Angesichts der oft zu querenden «Chräche» («Chrache» = tiefe Schlucht, enges und steiniges Bergtal) im Emmental eine durchaus verständliche Reaktion. Es ist jedoch zu hoffen, dass der Blick über die wunderbare Landschaft das «Gchnorz» und den «Cholder» bald vergessen lassen.

Signau – Schlappach – Chapf – Beezleren – Eggiwil

Von der Schrattenfluh über den Hohgant zu den Sieben Hengsten – und weiter bis zum Gantrisch: Reichhaltiges Panorama im Chapfgebiet.

Abwechslungsreiche Hügelwanderung im inneren Emmental zum Aussichtspunkt Chapf. Herrliche Ausblicke ins Tal der Emme, zur Blasenflue, ins Napf-Bergland, zu den Bollwerken Schibengütsch und Hohgant und in die Alpen. Einige Abschnitte auf Hartbelag zu Beginn und am Ende der Route.

Das Ortsbild des Marktortes Signau gilt als eines der schönsten des Emmentals. Dies vor allem wegen den Häusern mit Ründefronten aus dem 18. und 19. Jh. und dem vielfältigen spätbarocken und biedermeierlichen Baubestand längs der alten Staatsstrasse. Beachtenswert ist besonders das Moserhaus, ein mächtiger Ständerbau von 1756–60.

Von der Station Signau durch die Unterführung und auf der Chapfstrasse bergwärts. Auf einem Fussweg erreicht man die Höhenterrasse von Mutte. Die asphaltierte Chapfstrasse auf Fuss- und Karrwegen umgehend, steigt man zu den Höfen von Schlappach auf. Rückblickend schöne Sicht zur Moosegg, zur mit Einzelhöfen übersäten Terrasse von Mutte und ins Lüderengebiet. Stets

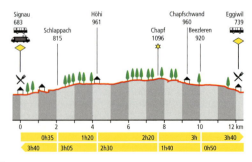

auf den Geländerücken zuhaltend führt der Weg durch Wald und über Weideland zur Höhi hinauf. An Schulhaus und Käserei vorüber erreicht man ebenen Wegs die Höfe von Langenegg. Beim nächsten Hof kreuzt man die Chapfstrasse und schwenkt in den Chapfwald ein. Vom Waldrand aus herrliche Sicht gegen Schratten, Schibengütsch, Rothornkette und Hohgant.

Beim Chapf wechselt die Szenerie: Unvermittelt steht man vor einem Bergpanorama, das vom Mönch bis zum Gantrisch reicht. Unter alten Bäumen steht die Alphütte, die der Mannschaft der Chapfwacht als Obdach diente. Angesichts des sich hier bietenden Panoramas lässt es sich gut rasten.

Dem Waldrand entlang senkt sich der Weg nach Chapfschwand. Auf einem neu angelegten Fussweg abseits der Strasse gelangt man nach Beezleren. Von dort geht es, leider streckenweise auf Hartbelag, nach Eggiwil hinunter.

Hinfahrt: Mit Bahn nach Signau
Rückfahrt: Ab Eggiwil mit Bus
Weglänge: 12,4 km
Höhendifferenz: 640 m Aufstieg, 590 m Abstieg
Wanderzeit: 3 h 40 (Gegenrichtung: 3 h 40)

Gasthäuser am Weg

Gasthof Bären 🍴
3534 Signau
Tel. 034 497 31 20

Gasthof zum roten Turm 🍴
3534 Signau
Tel. 034 497 13 81

Restaurant Bahnhof
3534 Signau
Tel. 034 497 11 06

Gasthof Bären 🍴
3537 Eggiwil
Tel. 034 491 11 81

Restaurant Löwen
3537 Eggiwil
Tel. 034 491 11 06

Vorbildlicher Schutz der Wanderwege

Leider werden auch heute immer wieder Wanderwege von Strassenbauprojekten tangiert, trotz gesetzlicher Bestimmungen zum Schutz der Wanderwege. Im Kanton Bern gilt deshalb seit Jahren eine klare und einheitliche Praxis für den Ersatz von Wanderwegen bei deren Verteerung. Dazu gehört auch, dass sogenannte Kompensationslösungen geschaffen werden. Ein Beispiel dafür findet sich auf der vorliegenden Route im Raum Chapfschwand-Beezleren. Hier wurde ein attraktiver Fussweg abseits der Autostrasse geschaffen. Damit entstand ein Ausgleich für die Verteerung eines Wegstücks im Gebiet Vorderchapf. Der Naturweg-Anteil auf der gesamten Strecke konnte dadurch erhöht werden. Für dieses Modell wurden die Berner Wanderwege 2010 mit dem Prix Rando der Schweizer Wanderwege ausgezeichnet.

Emmenmatt–Schüpbach–Äschau–Diepoldswil–Eggiwil

Prächtige Flussuferwanderung am Oberlauf der Emme. Teilstück des «Erlebnispfades Emme», des durchgehenden Emmeuferwegs von Äschau bis Solothurn. Die Route führt meist durch prächtigen Auenwald in unmittelbarer Nähe des rauschenden Flusses. Sehenswert sind die gedeckten Holzbrücken am Wege, Zeugnisse alter und neuzeitlicher Zimmermannskunst. Teilstücke auf Hartbelag.

Von der Station Emmenmatt durch die Unterführung und über die Emmebrücke ans jenseitige Ufer des unberechenbaren Flusses. Unweit nördlich der Brücke ergiesst sich die Ilfis, der andere wilde Emmentaler Fluss, in die Emme. Durch ein Uferwäldchen gelangt man auf den «Erlebnispfad Emme». Über die Brunnmattbrügg – die hierher verschobene ehemalige Buebeneibrücke von 1837 – wird ans westliche Emme-Ufer gewechselt. Ein schmaler, gepflegter Spazierweg folgt direkt dem Emmeufer. Schautafeln informieren über Themen rund ums Wasser.

Ein interessantes Bauwerk unterquert man bei Schüpbach: Die stolze Schüpbachbrücke von 1839 – ein Nachfolgebau der «Nüwe Brügg» von 1550 – ist dank Verstärkung aus dem Jahr 1934 ohne Gewichtsbeschränkung befahrbar. An einem grossen Sägewerk vorüber geht es durch den Schachen zur Buebeneibrügg, die 1987/88 in verleimter Holzbauweise erstellt wurde. Die Holzkonstruktion, die zur Erhaltung des Landschaftsbildes gewählt worden war, kam allerdings 50% teurer zu stehen als eine moderne Stahlbetonbrücke. In der grossen, einseitig von Sandsteinflühen begrenzten Fluss-Schlaufe nord-

Das Bernbiet ist das Land der schönen Holzbauten. Schöne Bauernhäuser, prächtig verzierte Speicher sowie alte, gedeckte Brücken gehören dazu.

westlich von Äschau vermag man sich auch die einstige mühsame Flösserei vorzustellen. Holz, Ziegel, Schindeln, Kälber, Butter und Käse wurden aus dem Entlebuch und dem Emmental auf dem Flussweg in den Aargau und bis nach Basel verfrachtet.

In Äschau schneidet ein Strässchen die grosse

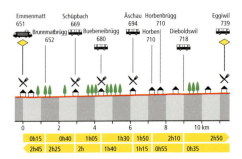

Hinfahrt: Mit Bahn nach Emmenmatt
Rückfahrt: Ab Eggiwil mit Bus
Weglänge: 11,5 km
Höhendifferenz: 130 m Aufstieg, 50 m Abstieg
Wanderzeit: 2 h 50 (Gegenrichtung: 2 h 45)

Fluss- und Strassenschlaufe und führt über Horben direkt zur Horbenbrügg, über die man ans andere Emme-Ufer wechselt. Die Talstrasse umgehend erreicht man über Zimmertsei die Holzbrücke von Dieboldswil, welche den Zugang zum Emme-Uferweg nach Eggiwil ermöglicht.
Heute ist Eggiwil eine grosse Einzelhofgemeinde mit sehenswerten Bauten. Die Dörflibrücke über den Rötenbach am talseitigen Dorfausgang dürfte für künftige landschaftsverträgliche Holzkonstruktionen wegweisend sein.

Gasthäuser am Weg

Aemme-Beizli
3543 Emmenmatt
Tel. 034 402 22 33

Restaurant Kreuz
3535 Schüpbach
Tel. 034 497 11 07

Hotel zum Bären ⊨
3537 Eggiwil
Tel. 034 491 11 81

Gasthof zur Emmenbrücke
3535 Schüpbach
Tel. 034 497 13 82

Restaurant Tanne
3536 Äschau
Tel. 034 497 31 00

Restaurant zum Löwen
3537 Eggiwil
Tel. 034 491 11 06

Traditionelle Bogenbrücken im Emmental

«4 x durch die raue Furth der Emme fahren» mussten einst die Bewohner des oberen Emmentals, wollten sie ihre Ware talabwärts nach Signau bringen. Der Ruf nach Brücken-Lösungen wurde darum im 19. Jh. immer stärker. Im waldreichen Emmental kam als Baumaterial nur Holz in Frage. Mit der dadurch möglichen grösseren Spannweite der Brücken konnten Brückenpfeiler in der oft ungestümen Emme vermieden werden. Darum sind in dieser Gegend meist Bogenbrücken anzutreffen. Anders als in der Ostschweiz oder im süddeutschen Raum gab es im Emmental keine Brückenbauer-Dynastie. Die einheimischen Zimmerleute betrachteten Holzbrücken-Konstruktionen als Krönung ihrer Leistungsfähigkeit. Die Dächer dienten dabei in erster Linie dem Schutz des Holzbaus.
Am Wanderweg Emmenmatt–Eggiwil stehen fünf Zeugen einstiger und heutiger Zimmermannskunst, nämlich die Brunnmatt-, die Schüpbach-, die Buebenei-, die Äschau- und die Dieboldswilbrücke. Die Dörflibrücke in Eggiwil gilt als Pionierbau der zeitgenössischen Holzbrücken-Architektur. Hier wurde erstmals nicht allein Kantholz, sondern auch Leimholz für die Konstruktion verwendet.

Eggiwil – Glashütte – Hinter Naters – Vorder Naters – Süderen

Prächtiger Übergang vom Oberlauf der Emme an den jungen Rötebach. Unterwegs einer der schönsten Aussichtspunkte im oberen Emmental, die Natersalp. Die mächtigen Wände von Schrattenflue, Schibengütsch und Hohgant scheinen zum Greifen nahe. Wenig Hartbelag.

Blick von der Naters-Alp Richtung Hohgant

Von der Bus-Station in Eggiwil Richtung Kirche und in der Strassengabelung über einen mit Stufen versehenen steilen Fussweg zur bewaldeten Grathöhe des Rütebergs. In der Sturmnacht vom 26. Dezember 1999 hatte der Orkan «Lothar» hier besonders verheerend gewirkt. Heute verdankt man dem Sturm einen schönen Einblick ins innerste Emmental mit Schrattenflue und Hohgant als Abschluss.

Rainabwärts gehts nun zu den Gehöften bei Glashütte und auf dem Strässchen zu Pkt. 788 an der Siehenstrasse. Auf dieser 200 m bergwärts, dann setzt sich ein sehr steiler Pfad in den Schattwald ab und führt einem Graben entlang hinauf

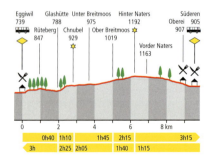

zum Chnubel. Die Hofbezeichnung Windbruch in der Nähe lässt auf das zuweilen hier herrschende rauhe Klima schliessen.

Erst auf undeutlichem Pfad, dann über Feldwege und Erschliessungssträsschen an den Höfen Unter und Ober Breitmoos vorbei und über die Hochterrasse der Kuppe der Natersalp entgegen. Unterwegs prächtige Ausblicke zum wuchtigen Hohgant und zum grünen Höhenzug Rämisgummen-Wachthubel. Nach einer weiteren recht steilen Waldquerung gewinnt man, rechts ausholend, auf kaum sichtbarer Weide-Wegspur die Höhe von Hinter Naters. Mächtige Bäume beschatten die breitdachigen Alpgebäude. Unmittelbarer Blick zu den schroffen Felsbändern von Schrattenflue, Schibengütsch und Hohgant.

Auf einem breiten Alpweg gelangt man nach Vorder Naters. Von hier geht es im Wechsel über Weideland und durch Waldgebiet nach Oberei hinunter. Die Bushaltestelle Süderen-Oberei befindet sich 300 m weiter südwestlich an der Strasse nach Süderen.

Hinfahrt: Mit Bus nach Eggiwil
Rückfahrt: Ab Süderen-Oberei mit Bus
Weglänge: 9,8 km
Höhendifferenz: 570 m Aufstieg, 410 m Abstieg
Wanderzeit: 3 h 15 (Gegenrichtung: 3 h)

Gasthäuser am Weg

Hotel zum Bären ⊨⊣
3537 Eggiwil
Tel. 034 491 11 81

Gasthof Löwen ⊨⊣
Oberei, 3618 Süderen
Tel. 033 453 12 38

Restaurant zum Löwen
3537 Eggiwil
Tel. 034 491 11 06

Hotel Bären ⊨⊣ ⊢⊣
3618 Süderen
Tel. 033 453 15 12

Ein treuer Berner

Der Kanton Bern wäre um mehr als vier Beine ärmer, wenn es den Berner Sennenhund nicht gäbe, den zuverlässigen Hüter und Treibhund, den guten Beschützer und Kinderfreund mit seinem dichten, langen Fell. Er gilt als «Markenzeichen» des bernischen Bauernhofes. Die Merkmale des Berner Sennenhundes sind unverkennbar: Die Grösse entspricht fast derjenigen eines Bernhardiners. Das lange, leicht wellige schwarze Haar weicht am Kopf und an den Läufen einer roten Färbung. Schnauze, Vorbrust, Rutenspitze und Pfoten sind weiss behaart. Ebenso auffallend sind sein kräftiger Kopf und sein treuer Blick. Als «Familienhund» ist er besonders beliebt, wird ihm doch attestiert ein liebenswürdiger und geduldiger Spielkamerad zu sein. Kein Wunder also, dass man ihn bei vielen allein stehenden Höfen antrifft.

Süderen–Schallenberg–Steinmösli–Räbloch–Schangnau

Abwechslungsreicher Übergang aus der Hochebene an der Nordflanke der Honegg über die Passhöhe der Schallenbergstrasse zur Naturbrücke über die Emme im Räbloch und nach Schangnau. Unterwegs herrliche Ausblicke ins innerste Emmental mit seinen gewaltigen Felsbastionen, ein geschütztes Hochmoor und ein sagenumwobenes Natur-Wunder. Wenig Hartbelag zu Beginn und am Schluss der Wanderung, sonst durchwegs Naturweg.

Ein Naturwunder besonderer Art ist die bewachsene, natürliche Steinbrücke im Räbloch, die als Übergang über die Emme dient.

Von der Bushaltestelle Süderen-Oberei geht es zuerst taleinwärts zur Häusergruppe in der Oberei, von dort auf dem Trottoir der Schallenbergstrasse entlang. Gegenüber dem «Löwen» schwenkt ein Fahrweg ans Ufer des von mächtigen Bäumen gesäumten Rötebachs. Nach rund 300 m zweigt man zur grossen Sägerei ab, quert den Rambach und hält auf schmalem Wiesenpfad auf das prächtige Bauernhaus Gämpel zu. Die weiter einzuschlagende Richtung ist vorgegeben, markieren doch, besonders an Wochenenden, beinahe nicht abreissende Motorrad-Kolonnen den bei Töff-Fans äusserst beliebten, kurvenreichen Passübergang. Glücklicherweise kann die Strasse gemieden werden.

Über Fahr- und Graswege geht es über den steilen Hang der Waldmatt an einem prächtigen Linden- und Ahornhain vorüber hinauf zum Gehöft Ufem Schallberg. Ein Fussweg führt durch sumpfige Wiesen und durch Wald weiter hinauf zur Schallenberg-Passhöhe. Unterwegs schöne Sicht in die kompakt bewaldete Nordflanke der Honegg, das Quellgebiet des Rötebachs.

Der Abstieg ins Tal der Emme erfolgt ebenfalls abseits der Strasse. Erst quert man die Weide in der Ostflanke des Höhenzuges Richtung Honegg. Am Waldrand geht es pfadlos steil abwärts. Im Wald führt ein Fussweg über eine steile Geländerippe hinunter, quert einen wilden Bachgraben und holt in einem weiten Bogen zum Hof Chnubelhütte aus. Vor diesem spitzwinklig rainabwärts halten. Vor dem Hof Steinmösli zur Strasse absteigen, diese kreuzen und am Rand des Naturschutzgebiets emmewärts halten. Im

Wald fällt ein Fussweg sehr steil zur Naturbrücke im Räbloch ab.

Am Gegenhang geht es durch Wald und über Weiden ebenso steil bergan. Eindrücklich umrahmen Schibengütsch, Brienzer Rothorn und Hohgant das Tal von Bumbach, das man nun vor sich hat. Vom grossen Berghof Scheidbach aus gelangt man auf der Asphaltstrasse ins Ortszentrum von Schangnau; zwei grosse Strassenschlaufen können auf einem Fussweg abgekürzt werden. Schangnau ist zwar durch die Schallenbergstrasse mit Thun verbunden, und die Siehenstrasse öffnet den Weg ins mittlere Emmental. Der Hauptzugang erfolgt jedoch aus Ilfis-Tal und Entlebuch über Wiggen–Marbach.

Hinfahrt: Mit Bus nach Süderen-Oberei
Rückfahrt: Ab Schangnau mit Bus
Weglänge: 10,2 km
Höhendifferenz: 530 m Aufstieg, 510 m Abstieg
Wanderzeit: 3 h 20 (Gegenrichtung: 3 h 15)

Gasthäuser am Weg

Hotel Bären ⊨⊣ ⊢⊣
3618 Süderen
Tel. 033 453 15 12

Gasthof Löwen ⊨⊣
Oberei, 3618 Süderen
Tel. 033 453 12 38

Berghaus Gabelspitz ⊨⊣
Schallenberg, 3537 Eggiwil
Tel. 034 491 16 12

Hotel Löwen ⊨⊣
6197 Schangnau
Tel. 034 493 32 01

Das Natur-Wunder Räbloch

Die vielgestaltige wilde Flusslandschaft des Räblochs ist vor der letzten grossen Eiszeit entstanden. Über 30 m fallen die beidseitigen Nagelfluhwände schroff zur Emme ab. Sie nähern sich stellenweise bis auf 3 m, treten an anderen Stellen zurück, formen Kammern und Kessel oder sind gar überhängend. Ein eingeklemmter, mit Vegetation bewachsener Felsblock bildet eine Naturbrücke, die den Übergang ermöglicht. Der Fluss verschwindet hier in einem Gewölbe, aus dem er nach 20 m mit ungeheurer Kraft wieder hervorschiesst.

Rund um das Räbloch ranken sich verschiedene Sagen. Man sah in ihm seinerzeit eine Pforte zur Hölle. Manche glaubten, hier hause die im Winter verborgene Emmenschlange, die im Frühling mit den anschwellenden Fluten ausbreche. Auch zum Holzschwemmen wurde das Räbloch bei Hochwasser genutzt.

Langnau i.E. – Hohwacht – Hüpfenboden – Girsgrat – Eggiwil

Ausgedehnte Höhenwanderung über den Hügelzug Hohwacht–Girsgrat. Prächtige Ausblicke in die Hügel- und Grabenlandschaft des oberen Emmentals, in die Voralpen und Alpen. Am Weg: ein geschichtsträchtiger Aussichtspunkt, ein währschafter Gasthof und viele typisch emmentalische Einzelhöfe. Bei der Hohwacht und im Hüpfenboden etwas Hartbelag, sonst Naturweg.

Das Emmental bietet nicht nur überwältigende Panoramen, sondern auch eine farben- und formenreiche Vegetation – besonders zur Blütezeit und im Herbst.

Langnau i.E., das stattliche Zentrum des Emmentals, beherbergt rund zwei Drittel der 9000 Gemeinde-Einwohner. Das restliche Drittel wohnt auf den fürs Emmental typischen Einzelhöfen. Vom Bahnhof erst zur Ilfis hinunter und kurz flussaufwärts halten. Ein Fussweg legt sich an den Südrand des Auenwäldchens und führt über Under Tannen auf der Grabenkante nach Zwigarten hinauf. Das Hohwachtsträsschen dreimal kreuzend erreicht man den Vermessungspunkt Strick. Schöner Blick ins Napfbergland. Den Horizont bilden Pilatus, Fürstein und Schrattenflue. Im Talboden der Ilfis liegt das Kirchdorf Trubschachen. Geradezu überwältigend ist die Rundsicht auf der Hohwacht, oberhalb des Gasthauses, wo ehemals einer der 156 «Chutzen» aus dem Wachtfeuer-Netz der alten Republik Bern stand. Mehr oder weniger der Höhenkuppe folgend gehts zur grossen Wanderwegkreuzung im Scheideggwald und über Weiden hinunter zur Käserei Hüpfenboden im Sattel zwischen den Tälern der Emme und der Ilfis. Nach 700 m verlässt man das Strässchen und steigt durch das Hegeloch, einen aus der Nagelfluh-Rippe gesprengten Tunnel, zur Anhöhe des Girsgrates.

Auf dem Weg über Hinter Girsgrat zum Hintereggli herrlicher Blick zum Hohgant, zu Wetter-, Schreck- und Finsteraarhorn. Über offene Weiden und durch Wald geht es nun steil hinunter nach Eggiwil.

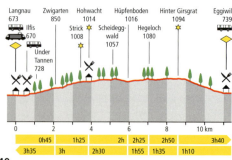

Hinfahrt: Mit Bahn nach Langnau
Rückfahrt: Ab Eggiwil mit Bus
Weglänge: 11,4 km
Höhendifferenz: 610 m Aufstieg, 550 m Abstieg
Wanderzeit: 3 h 40 (Gegenrichtung: 3 h 35)

Gasthäuser am Weg

**Restaurant zum
alten Amtshaus**
3550 Langnau
Tel. 034 402 19 56

Hotel Bahnhof
3550 Langnau
Tel. 034 402 14 95

Restaurant Hochwacht
Hohwacht, 3550 Langnau i.E.
Tel. 034 402 11 08

Hotel zum Bären ⊨⊣
3537 Eggiwil
Tel. 034 491 11 81

Restaurant zum Löwen
3537 Eggiwil
Tel. 034 491 11 06

Wachtfeuer-System im alten Bern

Der Name Hohwacht weist auf einen Chuz hin, eine in Form eines Dreiecks aufgebaute, mit Brennholz bestückte Pyramide. 156 solche Alarmzeichen waren im 17. Jh. über das ganze Gebiet des Alten Bern verteilt. Im Hohwachthäuschen, das dem Wärter als Unterkunft diente, gaben die sogenannten «Absichtsdünkel» (in die Wände eingelassene Holzröhren) die Richtungen an, die zu überwachen waren. Hier bestanden Verbindungen mit der Balmegg bei Trub, mit dem Chapf bei Eggiwil und mit dem Ellenberg bei Lützelflüh. Konnte der Wächter durch eine der Röhren ein Rauch- oder Feuerzeichen feststellen, zündete er unverzüglich auch den ihm anvertrauten Holzstoss an. Drei Stunden nach dem Alarm auf dem Münsterturm in Bern brannten von der Habsburg im Aargau bis Coppet am Genfersee alle Warnfeuer und riefen die Regimenter zu den Sammelplätzen.

Langnau i.E. – Hohgratwald – Rämis – Ober Rafrüti – Dürsrütiwald – Emmenmatt

Verträumte Waldpfade, aussichtsreiche Gratwege, finstere Gräben und geradezu alpin anmutende Bergweiden – die Wanderung rund um den Ober Frittenbachgraben bietet eine eindrückliche Vielfalt an Landschaftsformen. Trotz des Höhenweg-Charakters gibt es zwischendurch immer wieder Auf- und Abstiege – typisch Emmental. Abgesehen von einigen kurzen Hartbelagsabschnitten auch ausserhalb des Siedlungsgebiets verläuft die Route zum grossen Teil auf Naturbelag.

Beim Dürsrütiwald oberhalb von Langnau

Manche Dinge funktionieren im Emmental nicht ganz so wie anderswo. Dazu gehören auch die Höhenwege. Wer davon ausgeht, dass ein Höhenweg stets auf annähernd gleicher Höhe verläuft, wird im Emmental seine Ansicht ändern müssen. Nach dem Aufstieg vom Tal herauf geht es hier selten geradeaus weiter; vielmehr folgen die Wege dem abwechslungsreichen Verlauf des Geländes, das immer wieder vertikale Kapriolen schlägt. Höhenwanderungen im Emmental sind somit ein stetes Auf und Ab.

Vom Bahnhof Langnau durchquert man das Dorf und zweigt bei der Kirche rechts ab. Zum Hohgrat führen gleich zwei Routen. Die vorliegende Tour verläuft auf der östlichen Variante, die in einem weiten Bogen über Langenegg führt. Auf einem verträumten Waldpfad gewinnt man bedächtig an Höhe, bis sich das Terrain weitet und einen schönen Blick auf den Gohlgraben gewährt. In leichtem Auf und Ab folgt der Weg nun dem mehrheitlich bewaldeten Hügelzug. Bald zeigt sich bereits die gegenüberliegende Seite des Ober Frittenbachgrabens, auf der die Route einige Stunden später ans Ziel führt. Vorerst aber

Langnau 673	Langenegg 870	Chammeren 989	Rämis 1098	Ober Rafrüti 1179	Fluehüsli 1007	Hullerenschür 930	Dürsrütiwald 910	Emmenmatt 650 / Obermatt 649

0   2   4   6   8   10   12   14   16   18 km

0h50	1h45		3h20	3h35	4h		4h55	5h50
6h	5h20	4h30		3h35	2h45	2h15	1h20	

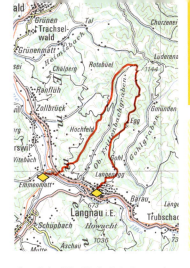

Hinfahrt: Mit Bahn nach Langnau
Rückfahrt: Ab Emmenmatt mit Bahn
Weglänge: 19,9 km
Höhendifferenz: 860 m Aufstieg, 880 m Abstieg
Wanderzeit: 5 h 50 (Gegenrichtung: 6 h)

Gasthäuser am Weg

Hotel Hirschen ⊨
3550 Langnau
Tel. 034 402 15 17

Aemme-Beizli
3543 Emmenmatt
Tel. 034 402 22 33

gilt es die herrliche Hügelwelt des Emmentals zu geniessen. Stille Waldabschnitte, gepflegte Bauerngärten und weites Weidland wechseln sich ab. Über Rämis gelangt man nach Ober Rafrüti, wo die Landschaft aufgrund der Höhenlage bereits einen deutlich alpinen Einschlag aufweist. In steilem Abstieg wechselt man nun auf die westliche Seite des Ober Frittenbachgrabens. Jetzt wechselt auch das Panorama, und die Eisriesen der Berner Alpen rücken ins Blickfeld. Einige Sitzbänke beim Fluehüsli laden zum Picknick und zum Geniessen der fabelhaften Aussicht. In angenehmem Wechsel geht es über offenes Wiesland, durch stattliche Wälder und aussichtsreiche Abschnitte entlang des breiten Grats weiter. Über Hullerenschür gelangt man zum Dürsrütiwald und weiter abwärts nach Emmenmatt hinunter. Der letzte Abschnitt ist etwas abenteuerlich: Nach der Querung der Kantonsstrasse in Obermatt (Vorsicht!) durchschreitet man das Areal eines Landmaschinenhändlers und danach das Gelände einer Sägerei, ehe man zum Bahnhof gelangt.

Der Wald – Schicksal und Chance

Damit ein Habicht zu einer anständigen Mahlzeit kommt, braucht es nicht weniger als 2,5 Tonnen Futter. Diese Menge an Gras und Blättern vertilgt der Raubvogel allerdings nicht selbst, sondern nur indirekt, indem er andere für sich arbeiten lässt. Zunächst einmal sind dies Blattläuse, und davon gleich 250 kg, die sich von den Blättern ernähren. Die Läuse dienen 25 kg Käfern und Raupen als Futter. An ihnen laben sich 2,5 kg Kleinvögel. Und diese wiederum enden im Magen einer 250 g schweren Waldohreule, die schliesslich den erwähnten Habicht sättigt.
Über solche und viele andere interessante Zusammenhänge zum Lebensraum Wald informiert der Waldlehrpfad Langnau, der streckenweise dem ersten Teilstück der hier beschriebenen Wanderroute folgt. Dem Thema Wald kommt im Emmental eine überragende Bedeutung zu: Für die Menschen ist er eine ergiebige Quelle an Baumaterial und Brennstoff. Gleichzeitig speichert er grosse Mengen an Wasser und stellt daher riesige Reservoirs dar. Mit dieser Funktion hängt allerdings auch ein bedrohlicher Aspekt zusammen: Bei Hochwasser, wie sie im Emmental regelmässig eintreten, können die Bäche Waldbestände unterspülen, mitreissen und dadurch das Siedlungsgebiet gefährden. Der regelmässigen Pflege des Walds wird daher auch im Emmental grosse Aufmerksamkeit gewidmet.

Bärau–Guggernülli–Schynen–Stauffenchnubel–Trub

Wildbäche formten die Emmentaler Landschaft seit Urzeiten. Und die Landschaft formte die Menschen. Beliebter Treffpunkt nicht nur von heimatverbundenen Bauern sind die Langnauer Jahrmärkte, die sechsmal jährlich stattfinden.

Aussichtsreiche, aber anspruchsvolle Wanderung aus dem Gohlgraben zur Schynenalp, der einstigen Domäne der Mönche des Klosters Trub. Dabei werden Twärengraben und Sältenbach umgangen. Vorsicht ist vor allem im Abstieg auf dem Pfaffenweglein zwischen Unter Stauffen und Chlosteregg geboten. Zwar ist der Weg mit Drahtseil gesichert. Gutes Schuhwerk mit griffiger Sohle ist jedoch für die Begehung Voraussetzung. Fast durchwegs Naturweg.

Von der Busstation Bärau/Dorf folgt man dem Gohlbach taleinwärts, zunächst auf einem Fussweg am westlichen Ufer. Bei Mettlen wird auf die Strasse auf der gegenüberliegenden Seite gewechselt. Vom Chammershus an geht es steil aufwärts über Grindle auf die Grathöhe bei Spitzenegg. Bereits ist die Aussicht beachtlich: Über den Gohlgraben hinweg sieht man ins Lüderenalp-Gebiet, rückwärts blickend hat man fast das ganze obere Emmental vor sich, dazu die bernischen Vor- und Hochalpen.

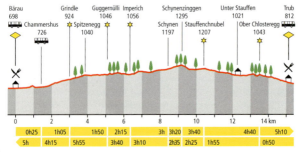

Auf schwacher Wegspur folgt man dem Waldrand bis zur Hütte von Guggernülli. Im Zickzack führt der Weg wieder auf die Gratrippe. Die Aussicht, mal jurawärts, mal ins Luzernische und vor allem Richtung Vor- und Hochalpen bleibt unvergleichlich! In stetem Auf und Ab folgt man dem Waldgrat über Schwändi/Imperich zu den Alphütten auf Schynen.

Die Aussichtspunkte Schynenzinggen und Stauffenchnubel geben die Abstiegsrichtung vor. Auf Fahrwegen und kurzen Strassenstücken streift man die Höfe Ober- und Unter-Stauffen. Behutsam ist der voraus liegende schmale Waldgrat zu überschreiten. Das sogenannte Pfaffenweglein (einstiger Verbindungsweg Kloster Trub–Schynenalp) ist zwar mit Stufen versehen und mit Drahtseil gesichert. Vorsicht im steilen Waldhang ist dennoch angebracht. Noch einmal geniesst man auf Ober Chlosteregg die prächtige Bergsicht, bevor es steil hinunter geht ins Kirchdorf Trub.

Hinfahrt: Mit Bus nach Bärau/Dorf
Rückfahrt: Ab Trub mit Bus
Weglänge: 15,4 km
Höhendifferenz: 950 m Aufstieg, 830 m Abstieg
Wanderzeit: 5 h 10 (Gegenrichtung: 5 h)

Gasthäuser am Weg

Restaurant Seilerhof
3552 Bärau
Tel. 034 402 35 21

Landgasthof Adler
3552 Bärau
Tel. 034 402 11 32

Gasthof zum Löwen
3556 Trub
Tel. 034 495 53 04

Restaurant zum Sternen
3556 Trub
Tel. 034 495 53 02

Ein «chächer» Menschenschlag und ein Wunderdoktor

Die zweite Strophe des Truber-Liedes beginnt mit der Feststellung: «Mi Mueter isch e Feschti (fest, stämmig), si chunnt vom Sältebach. Im Sältebach isch sälte es Meitschi bring (schmächtig) und schwach.» Darf man daraus schliessen, dass die Emmentaler Luft einen «chächen» (gesunden, lebenskräftigen) Menschenschlag begünstigte? Sicher trug sie Wesentliches zum Erfolg des Wunderdoktors Michael Schüppach (genannt Schärer Micheli, 1707 bis 1781) bei.

Der Langnauer Chirurg oder Schärer hatte zwar keine wissenschaftliche Ausbildung, dennoch wusste er vielen Menschen zu dienen. Bald suchten ihn Würdenträger aus fast ganz Europa auf. Auch Herzog Karl August von Sachsen und Goethe lobten den Wundarzt und Wasserbeschauer. Schüppach verlegte die Schärstube bald in den Gasthof Bären und schliesslich in ein eigenes Kurhaus auf dem Dorfberg. Jetzt nannte man ihn «Médecin des Alpes» und suchte ihn noch häufiger auf (täglich 50 bis 100 Konsultationen). Bei Neidern galt er aber weiterhin als minderwertiger Handwerker. Sein städtischer Zeitgenosse Albrecht von Haller nannte ihn gar «einen Betrüger, der irrig heile und auch irrig Krankheiten errate.»

Trubschachen–Houenenegg–Rämisgummen–Wachthubel–Schangnau

Prächtige Wanderung aus dem Tal der Ilfis über den Höhenzug Rämisgummen–Wachthubel ins Tal der jungen Emme. Teilstück des Grenzpfads Napfbergland, einer 75 km langen, mit Schautafeln ausgestatteten Wanderstrecke von St. Urban zum Brienzer Rothorn im Grenzbereich der Kantone Bern und Luzern. Unterwegs interessante Einblicke ins obere Emmental, ins Napfbergland, ins Entlebuch und zu den Voralpen-Bollwerken Schrattenflue und Hohgant. Rund 2 km Asphalt auf der aussichtsreichen Houenenegg, sonst Naturweg.

Der Rämisgummen bietet einen überwältigenden Ausblick in die Emmentaler und Entlebucher Hügelwelt

Die Biskuit-Fabrik Kambly und die periodisch stattfindenden Gemälde-Ausstellungen tragen den Namen Trubschachen über die Landesgrenze hinaus. Sehenswert sind aber auch die schönen alten Bauten an der Strasse gegen Langnau. Von der Station zur Ilfis halten und ans andere Ufer wechseln. Bei der Einmündung der Trub durch den Wald steil ansteigen. Beim Bärgenhüsi trifft man auf die Strasse, die stetig steigend über die aussichtsreiche Houenenegg führt. Erst beim Gehöft Oberhouenen bleibt der Asphalt zurück. Ein Fahrweg führt steil zur Chäserenegg empor, verengt sich zum Alpweg und folgt auf der Grathöhe der Kantonsgrenze zum Rämisgummen. Überwältigende Rundsicht!

Die Kantonsgrenze zwischen Bern und Luzern soll seinerzeit durch eine hochrangige Delegation der beiden Städte festgelegt worden sein. Während mehreren Wochen begingen die «Grenzgänger» das Gelände. Die Legende berichtet, auf dem Wachthubel seien sie des Unternehmens überdrüssig geworden, weshalb sie die Grenze von dort aus ohne Rücksicht auf die Topographie schnurgerade gezogen hätten.

Dem Grenzverlauf folgend quert der Wanderweg die Ostflanke des bewaldeten Pfyffer, führt nach Grosshorben hinunter und steigt, anfänglich knapp unter der Grathöhe verlaufend, zum Wachthubel auf. Hier stehen Schrattenflue, Schibengütsch und Hohgant zum Greifen nahe, und im grünen Talboden liegt das Kirchdorf Schangnau.

	Trubschachen 731	Houenenegg 997		Rämisgummen 1280	Grosshorben 1217	Wachthubel 1414	Schangnau 930
		Bärgenhüsi 915	Chäserenegg 1257				
			Oberhouenen 1149		Pfyffer 1281		

0	2	4	6	8	10	12 km
0h40	1h		2h10	2h30 2h45	3h30	4h30
4h20	3h50	3h30		2h40 2h20	2h05	1h30

Hinfahrt: Mit Bahn nach Trubschachen
Rückfahrt: Ab Schangnau mit Bus
Weglänge: 13,4 km
Höhendifferenz: 840 m Aufstieg, 650 m Abstieg
Wanderzeit: 4 h 30 (Gegenrichtung: 4 h 20)

Gasthäuser am Weg

Hotel Bahnhof ⊨
3555 Trubschachen
Tel. 034 495 51 22

Gasthof Hirschen ⊨
3555 Trubschachen
Tel. 034 495 51 15

Aebis Töpfer Café
3555 Trubschachen
Tel. 034 461 71 71

Restaurant Bären
3555 Trubschachen
Tel. 034 495 51 08

Bergrestaurant Erika ⊨
Geissholle, nahe Rämisgummen
3537 Eggiwil
Tel. 034 491 17 79

Hotel Löwen ⊨
6197 Schangnau
Tel. 034 493 32 01

Rumänische Wasserbüffel im Emmental

Schwarze, zottig behaarte Mittelmeerbüffel aus Rumänien inmitten einheimischer Viehrassen? Diese kuriose Mischung ist das Ergebnis von viel Pioniergeist, den der Landwirt Hans Bieri aus Schangnau an den Tag legte. 1996 importierte er zusammen mit vier Berufskollegen 15 Mittelmeerbüffel aus Rumänien. Allen Widerwärtigkeiten zum Trotz ist die Büffelpopulation auf rund 60 Tiere angewachsen. Die Büffel seien «schuderhaft gwungerig» und viel menschenbezogener als die Kühe, wissen die Tierhalter zuberichten. Aus der Milch wird Mozzarella-Käse hergestellt. Dessen Entstehungsgeschichte verzeichnete anfänglich unzählige Fehlschläge. Doch heute hat sich das Produkt in Feinschmeckerkreisen einen Namen gemacht und trägt gar das stolze Label «Ämmitaler Ruschtig».

Fankhaus–Chrüzbode–Napf–Höhstullen–Fankhaus

Rundwanderung um den Fankhusgraben zur «Rigi des Emmentals», dem Napf. Teilstück des Grenzpfads Napfbergland. Der Napf ist ein riesiger Schuttkegel, der von einer Ur-Aare während des Miozäns abgelagert wurde. In der letzten Eiszeit blieb die Spitze dieses Kegels eisfrei, so dass sich die abfliessenden Wasser länger als anderswo in die Nagelfluh einschleifen konnten. Die Hauptbäche bilden einen vom Gipfel ausstrahlenden «Talstern». Um eines dieser Haupttäler führt die hier beschriebene anspruchsvolle, aussichtsreiche Route. Wenig Hartbelag.

Ein eiszeitlicher Schuttkegel als Aussichtsplattform: Blick vom Napf Richtung Süden.

Von der Bus-Haltestelle Fankhaus im Leen wendet man sich ostwärts über den Bach und steigt durch Wald und über Weiden an den Gehöften Steli und Ober Stutz vorbei recht steil zum Chrüzbode auf. Im Grenzbereich der Kantone Bern und Luzern folgt der angenehme Weg nun mehr oder weniger der Grathöhe nordwärts. Die paar Schritte auf die freie Kuppe des Champechnubels lohnen sich: Besonders schön ist der Blick südwärts zu den Vor- und Hochalpen. Ostwärts sieht man ins luzernische Grosse Fontannetal, wo (hobbymässig) eifrig Gold gewaschen wird. Der Kretenweg folgt auch weiterhin mehrheitlich der Vermarchung zur Trimle. Erkennbar ist der Grenzverlauf auch an den unterschiedlichen forstpolitischen Strategien der beiden Kantone: Während Bern das Sturm-Schadenholz von 1999 wegräumte und den Borkenkäfer bekämpfte, liess Luzern im schwierig zugänglichen Napfgebiet der Natur freien Lauf. Hunderte vom Borkenkäfer befallene, abgestorbene Rottannen zeugen davon. Auf der Grathöhe geht es weiter zum Berggehöft Stächelegg und in kurzem Aufstieg zum Napf. Hier bietet sich ein umfassender Rundblick. Das

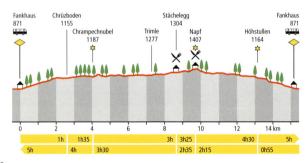

unendlich verzweigte Gräbengewirr des Emmentals und des Luzerner Hinterlands zeigt sich sonst nirgends so klar. Simon Gfeller vergleicht die strahlenförmig auseinanderstrebenden Gräben und Grate am Napf treffend mit den Wurzeln eines mächtigen Tannenstocks. Auch die Fernsicht zum Jura und zur Alpenkette ist überwältigend. Der anfänglich sehr steile Abstieg zu Pkt. 1277 wandelt sich im Grüebli zum prächtigen Panorama-Weg, der über Unter Höhstullen und Buechli nach Fankhaus zurückführt.

Hinfahrt: Mit Bus nach Fankhaus
Rückfahrt: Ab Fankhaus mit Bus
Weglänge: 15,5 km
Höhendifferenz: 900 m Aufstieg, 900 m Abstieg
Wanderzeit: 5 h (Gegenrichtung: 5 h)

Gasthaus am Weg

Hotel Napf ⊨⊣ ⊢⊣
Napf, 3557 Fankhaus, Trub
Tel. 034 495 54 08

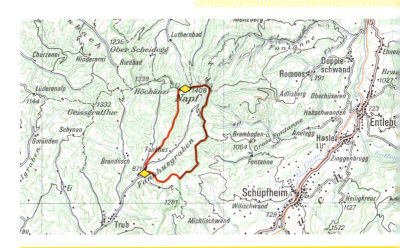

Goldvorkommen im Napfgebiet

Die wohl älteste Goldgewinnung in der Schweiz wurde in den Gewässern des Napfgebietes betrieben. Bei Wauwil und Melchnau aufgefundene keltische Goldmünzen lassen vermuten, dass schon die Helvetier in den Napfbächen Gold wuschen. Genaues über die Goldwäscherei weiss man erst seit 1523. Die Goldwäscher, Golder genannt, mussten das Gold dem Staat Luzern abliefern, der es auch bezahlte. Gemäss den Eintragungen in den Rechnungsbüchern wurden bis Ende des 18. Jh. ca. 32 kg abgeliefert. Wenn man auch annehmen darf, dass nicht alles Gold abgegeben wurde, bleibt der Ertrag dennoch äusserst bescheiden. Durchschnittlich kamen somit nur etwa 100 g pro Jahr zusammen. Neben einem Spitzenertrag von über 300 g gab es Jahreserträge von nur 6 bis 9 g. Gegen Ende des 19. Jh. wurde die professionelle Goldwäscherei eingestellt. Die Gebrüder Rüfenacht in Wasen im Emmental waren die letzten, die noch gewerbsmässig Gold wuschen.

Langnau – Trubschachen – Kröschenbrunnen – Wiggen

Im Emmental fliesst nicht nur die Emme. Das Flüsschen Ilfis, das im Entlebuch entspringt, ist mit einem schönen Uferweg erschlossen. Reizvoll ist hier eine Wanderung vom zeitigen Frühling an, wenn die Natur wieder zu neuem Leben erwacht, bis zum Spätherbst, wenn der Raureif Stauden und Bäume mit zauberhaften Eiskristallen überzieht. Wenig Hartbelag, hauptsächlich im Siedlungsgebiet.

Lauschige Auenwälder und saftige Wiesen am Ilfis-Uferweg

Im schmucken Emmentaler Dorf Langnau gelangt man auf der Wanderroute Richtung Emmenmatt zur Ilfis. Auf beiden Seiten des Flüsschens führen schön angelegte Uferwege Richtung Osten – die Wanderer haben die Wahl. Der Uferweg auf der Ilfis-Südseite ist besonders reizvoll, da er in abwechslungsreichem Auf und Ab dem Gelände folgt und bezaubernde Blicke auf die Flusslandschaft erlaubt. Am Ende des Waldabschnitts geht der Pfad bei Nidermoos in einen breiten, ebenen Weg über. Über Flüeacher und Teufenbach gelangt man, teilweise auf Kiessträsschen, zwischendurch auf einem Stück Asphaltsträsschen, über Flüeacher nach Trubschachen.

Auch auf dem nun folgenden Teilstück liegt der Uferweg auf der Südseite der Ilfis. Als schmaler Pfad schmiegt er sich in den steilen Waldhang. Reizvolle Holzbrückchen und Treppen sorgen für viel Abwechslung. Beim Weiler Grauenstein wird die Ilfis überquert, und der Uferweg pendelt zwischen dem Flüsschen und dem Bahngeleise hin und her. Im Dörfchen Kröschenbrunnen führt er als Fussweg eine Weile entlang der Kantonsstrasse, doch schon bald geht es wieder an die Ilfis zurück. Fast durchwegs direkt dem Wasser entlang erreicht man die Station Wiggen.

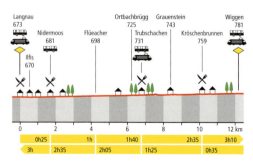

Hinfahrt: Mit Bahn nach Langnau
Rückfahrt: Ab Wiggen mit Bahn
Weglänge: 12,5 km
Höhendifferenz: 210 m Aufstieg, 110 m Abstieg
Wanderzeit: 3 h 10 (Gegenrichtung: 3 h)

Gasthäuser am Weg

Gasthof zum Goldenen Löwen ⊨⊣
3550 Langnau
Tel. 034 402 65 55

Restaurant Hallenbad
3550 Langnau
Tel. 034 402 38 78

Hotel Bahnhof ⊨⊣
3555 Trubschachen
Tel. 034 495 51 22

Gasthof Hirschen ⊨⊣
3555 Trubschachen
Tel. 034 495 51 15

Aebis Töpfer Café
3555 Trubschachen
Tel. 034 461 71 71

Restaurant Bären
3555 Trubschachen
Tel. 034 495 51 08

Emmentaler Biskuit-Eldorado

Ein gewisser Herr Kambly verliebte sich einst im Welschland in ein Mädchen aus Trubschachen. Er kam ins Emmental, übernahm eine kleine Bäckerei und baute sie zum Handwerksbetrieb aus. Seine Nachfahren perfektionierten die Produkte. Aus dem Betrieb wurde eine Fabrik, in der Biskuits hergestellt werden, die sich rühmen «die Besten unter den Besten» zu sein.

Je nach dem woher der Wind weht, verkünden wohlriechende Schwaden schon weit ausserhalb des Dorfs, dass hier süsse Leckereien produziert werden: Mit ihren ausgedehnten Produktionsgebäuden ist die Kambly AG heute der grösste Biskuit-Hersteller der Schweiz. Über 400 Mitarbeitende sind hier tätig. Schleckmäuler können dem Fabrikladen des Betriebs einen Besuch (mit Degustationsmöglichkeit) abstatten.

Grünenmatt–Haretegg–Lüderenalp–Fluehüsli–Zollbrück

Ausgiebige Wanderung über die Höhenzüge rund um den einstigen Dürrgraben. Zu Ehren des Lehrers und Schriftstellers Simon Gfeller wurde dieser Gemeindename 1968 in Heimisbach umgetauft (Titel von Gfellers erstem Werk). Erwähnenswert am Wege: Dorf und Schloss Trachselwald, die vielen prächtigen Aussichtspunkte, die Gastlichkeit auf Lüderenalp und der Weiler Ried mit seiner beachtlichen bäuerlichen Bausubstanz. Teilstücke auf Hartbelag.

Faszination von Licht und Schatten: Simon Gfellers «Hogerwält» (im Hornbachgrabe)

Bei der Station Grünenmatt über den Bahnübergang und Richtung Trachselwald halten. Ein Nebensträsschen führt direkt zum Dorfeingang. Sehenswert ist das intakte Dorfbild mit Kirche (1686), Pfarrhaus (1753) und Wirtshaus Tanne mit Schild von 1757. Das Schloss auf dem markanten Schlossberg ist die einzige im Emmental erhaltene Burg südlich von Burgdorf. Der Bergfried stammt aus dem 12. Jh. Am Schlossberg

quert das Strässchen die bewaldete Flanke zu den Höfen auf der Haretegg, die von schönen Linden eingerahmt werden.

Nun beginnt die prächtige Höhenwanderung über Schönentüel–Steiweid–Sängge zur Salbüelegg (Pkt. 945) und zur Weggabel Pkt. 954, während man abwechslungsweise herrliche Ausblicke in die waldumschlossenen Gräben, zu den Hügelwellen des Emmentals, zum Jura oder zu den Alpen geniesst. Hoch über Churzenei- und Liechtgutgrabe wendet sich der Weg über Sänggeberg der Sparenegg entgegen. In der Nähe liegt das Zuguet, das Geburtshaus von Simon Gfeller.

Bald werden die Gebäude der Lüderenalp sichtbar. Der höchste Punkt der Wanderung, die Ober Rafrüti, bietet wieder eine überwältigende Rundsicht. Mit dem Tällihüttli, dem Fluehüsli, der Rotebüelegg und der Geilisguetegg liegen weitere markante Punkte am Wege, bevor man durch den sehenswerten Weiler Ried die Talsohle bei Zollbrück erreicht.

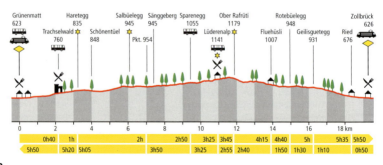

	Grünenmatt 623		Haretegg 835		Salbüelegg 945	Sänggeberg 945	Sparenegg 1055		Ober Rafrüti 1179		Rotebüelegg 948		Zollbrück 626
		Trachselwald 760		Schönentüel 848			Pkt. 954		Lüderenalp 1141		Fluehüsli 1007	Geilisguetegg 931	Ried 676	

0		2		4		6		8		10		12		14		16		18 km

0h40	1h		2h	2h50	3h25	3h45		4h15	4h40	5h		5h35	5h50
5h50	5h20	5h05		3h50	3h25	2h55	2h40		1h50	1h30	1h10		0h50

Hinfahrt: Mit Bahn nach Grünenmatt
Rückfahrt: Ab Zollbrück mit Bahn
Weglänge: 19,5 km
Höhendifferenz: 860 m Aufstieg, 860 m Abstieg
Wanderzeit: 5 h 50 (Gegenrichtung: 5 h 50)

Gasthäuser am Weg

Gasthof zum Bahnhof ⊨⊣
3452 Grünenmatt
Tel. 034 431 14 58

Restaurant Löwen ⊨⊣
3452 Grünenmatt
Tel. 034 431 14 55

Gasthof zur Tanne ⊨⊣
3456 Trachselwald
Tel. 034 431 11 45

Hotel Lüderenalp ⊨⊣
Lüderenalp
3457 Wasen i.E.
Tel. 034 437 16 76

Restaurant Rössli
3436 Zollbrück
Tel. 034 496 76 88

Restaurant zur Brücke
3436 Zollbrück
Tel. 034 496 76 68

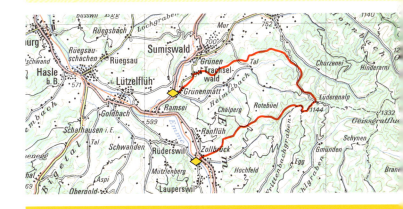

Emmentaler Art

Der Mundartdichter Simon Gfeller (1868–1943) hat die Eigenheiten des Emmentals und seiner Bewohner in seinen Werken in treffender Weise charakterisiert: «Die Hogerwält mit ihrne längzogene Egge u teuf ygschnittene Greben u Chräche, das Bure-, Wald- u Weidland, wo derzwüsche lyt, das isch ds Ämmithal. Das isch ds Ursprunggebiet vo dene zwöizäntnerige, grosslochige Ämmithalerchäse, wo der Namen Ämmithal i di wyti Wält usetreit hei. Bärgburelüt, wo fascht all Tag müessen unger ds Räf schlüüffe u doch mit ihrem müeihsälige Läbe z'fride sy. Im Ämmithaler het si der Bärner am urchigste u treuschten erhalte, u zwar i sine Vorzügen u Mängle. Wärchig u huslig sy d'Ämmithaler vo jehär gsy. Härdmöntsche, usgstaffiert mit ere bsungerbare Vorliebi für Landarbeit u Landläbe.»

53

Sumiswald-Grünen – Griesbach – Brunne – Huebbach – Dürrenroth

Leichte Wanderung durch die Hügelwelt des Griesbach- und des Rotbachtals. Diese Route verbindet die geschichtsträchtigen Orte Sumiswald und Dürrenroth, welche bezüglich der historischen Bausubstanz und der schicksalshaften Vergangenheit eine gewisse Verwandtschaft aufweisen. Unterwegs prächtige Einzelhöfe. Einige Teilstücke auf Hartbelag.

Undatierbare Erdburgen auf Münneberg und Bärhegenchnübeli gelten als früheste Spuren menschlichen Daseins in der Gemeinde Sumiswald. 1225 trat Lütold von Sumiswald seine Güter dem Deutschritterorden ab. Die streitbaren Ordensritter, die sich die Verteidigung des Christentums zur Aufgabe gemacht hatten, errichteten hierauf am Ort des heutigen Spittels eine Komturei. Nach der Reformation wurde der letzte Komtur durch einen bernischen Landvogt abgelöst. Die spätgotische Kirche, ein Zeugnis aus der Ordenszeit, weist wertvolle farbenprächtige Fenster (16. Jh.) und Wappenscheiben (17.–18. Jh.) auf. Sehenswert sind auch die alten Gasthöfe, besonders der Bären. Hier ist auch der runde Tisch zu sehen, an dem nach der Pestzeit 1434 alle überlebenden Männer der Gemeinde Platz gefunden hätten.

Von der Station Sumiswald-Grünen längs der Hauptstrasse ins Dorf Sumiswald hinauf. Die Richtung beibehaltend zum Rekrutierungszentrum und nordwärts umschwenkend über das weite Feld zum Terrassenrand oberhalb der Häuser von Ängelberg. Den Wald und ein kleines Tälchen querend geht es hinunter in den Weiler Griesbach. Dem wohltuend natürlichen Bachlauf,

Vor einigen Jahren wurde «Die schwarze Spinne» als Freilichtspiel inszeniert. Der Hang des Schlosshügels in Trachselwald bildete dabei die natürliche Kulisse.

später dem Waldrand folgend, erreicht man die Wegverzweigung bei Pkt. 750.

Nun geht es hinauf zu dem auf einem Geländesporn stehenden Gehöft Tanne. Schön ist der Blick auf Weier, Affoltern i.E. und ins Lueg-Gebiet während der Wanderung zur Hofgruppe Brunne. Bald geht es steil hinunter zum Schulhaus Huebbach. Auf einer sanften Höhenkuppe liegt der grosse Hof Bannholz, von wo der Blick über Dürrenroth hinweg bis zum Soldaten-Denkmal auf dem Huttwilberg und zur Chaltenegg schweift. Wie Sumis-

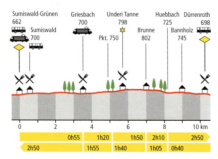

Sumiswald-Grünen 662		Griesbach 700	Underi Tanne 798		Huebbach 725	Dürrenroth 698
Sumiswald 700			Pkt. 750	Brunne 802	Bannholz 745	

0		2		4		6		8		10 km

	0h55	1h20	1h50	2h10	2h50

2h50	1h55	1h40	1h05	0h40

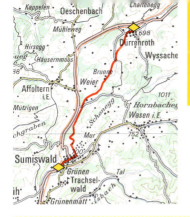

Hinfahrt: Mit Bahn nach Sumiswald-Grünen
Rückfahrt: Ab Dürrenroth/Dorf mit Bus
Weglänge: 10,5 km
Höhendifferenz: 300 m Aufstieg, 290 m Abstieg
Wanderzeit: 2 h 50 (Gegenrichtung: 2 h 50)

wald gehörte auch Dürrenroth der Deutschritter-Komturei an. Die mächtigen Gasthöfe verdienen wieder besondere Beachtung. Auch die Kirche ist sehenswert. Interessant ist das Nebeneinander von bescheidenen Gewerbler- und Taunerhäuschen und herrschaftlichen Grossbauernhöfen.

Gasthäuser am Weg

Gasthof Bahnhof ⊨
3455 Grünen
Tel. 034 431 15 44

Landgasthof Bären
⊨
3454 Sumiswald
Tel. 034 431 10 22

Restaurant Café Zyt
3454 Sumiswald
Tel. 034 431 44 33

Restaurant Tannenbad
3462 Weier i. E.
Tel. 034 435 12 58

Hotel Bären/Gasthof Kreuz ⊨
3465 Dürrenroth
Tel. 062 959 00 88

Restaurant Bahnhof
3465 Dürrenroth
Tel. 062 964 11 58

**Die «schwarze Spinne»
– die Sage von der Pest**

Vor vielen hundert Jahren herrschten im Tal der Grüene die Ritter des deutschen Ordens. Der Hartherzigste unter ihnen zwang die Bauern zu unmenschlichen Leistungen. Da bot der Teufel seine Hilfe an unter der Bedingung, dass ihm ein ungetauftes Kind übergeben werde. Christine, ein unerschrockenes Weib, anerbot sich, den Bösen zu prellen. Der Vertrag mit dem Teufel wurde mit dessen Kuss auf Christines Wange besiegelt. Innert Monatsfrist waren die Forderungen des Ritters erfüllt. Rechtzeitig auf die nächste Geburt hin wurde der Geistliche gerufen, der das Neugeborene sofort taufte. Da wuchs auf Christines Wange eine eitrige Beule, die die Gestalt einer schwarzen Spinne annahm.

Beim nächsten Prellungsversuch platzte die Spinne in Christines Gesicht und zahllose Spinnen und Spinnlein krabbelten hinaus. Wen ihr Biss traf, der wurde mit braunen Pestflecken gezeichnet. Unbarmherzig und grauenvoll war der Tod. Einer frommen Frau gelang es endlich, die Spinne zu fassen und in einem mit Weihwasser besprengten Loch im Fensterpfosten festzusetzen, worauf der Pest-Tod versiegte.

Lange danach wollte ein Knecht nach wüstem Gelage die Mägde schrecken, indem er das Loch öffnete. Mit gewaltigem Donnerschlag schoss ein Glutstrom aus der Öffnung, und mitten drin sass die giftige Spinne. Gieriger und rascher lief sie durch die Talschaft als das erste Mal. Endlich gelang es dem sich selbst opfernden Hausbesitzer, die Spinne zu fassen und sie erneut im Loch gefangenzusetzen. Dankbar folgten die Bewohner der Talschaft dem Sarg ihres Erretters.

Wasen i.E. – Lüderenalp – Lushütte – Napf – Höchänzi – Ahorn – Wasen i.E.

Zwei-Tages-Rundwanderung zum Napf, der «Rigi des Emmentals». Der prächtige Aussichtsberg ist nur zu Fuss zu erreichen! Dabei gilt der Abschnitt Lüderenalp–Napf als abwechslungsreichste Höhenwanderung des Napfgebiets. Der Abstieg vom Napf zum Ahorn verläuft auf dem Grenzpfad Napfbergland. Und die anschliessende Wanderung über die Höhen nördlich des Hornbachgrabens gewährt noch einmal vorzügliche Einblicke in die vielfältige Hügelwelt des Emmentals. Etwas Hartbelag im Umfeld von Wasen i.E., sonst Naturweg. Gutes Schuhwerk empfohlen.

Hinweise zu Route 22a Seite 109

Von der Bus-Station Wasen i.E./Bahnhof Richtung Dorf, dann sofort steil hinauf und an den Höfen von Wide vorüber zur Einsattelung Pkt. 954. Im Aufstieg schöne Sicht nordwärts. An den stattlichen Gebäuden von Sänggeberg vorüber wechselt man zur Lüderenalp-Strasse, kreuzt diese zweimal und steigt zur Wegverzweigung beim Hof Sparenegg an. Parallel zur Strasse erreicht man bald das Hotel Lüderenalp. Die

Fortsetzung der Wanderung über Ober Lushütte (der Name kommt aus der Jägersprache: «lusse» = nach dem Wild spähen), Höch- und Nideränzi zum Napf bietet alles, was das Herz begehrt: gepflegte und sturmzerzauste Wälder, Einblicke in tief eingekerbte «Chräche», immer wechselnde, unvergleichliche Sicht zum Kranz der Berge und zum Jura sowie gastliche Häuser am Weg.

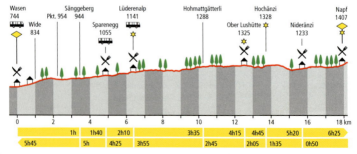

Blick vom Napf zur Pilatuskette.

Hinfahrt: Mit Bus nach Wasen i.E / Bahnhof
Rückfahrt: Ab Wasen i.E / Bahnhof mit Bus
Weglänge: 18,2 km und 18,7 km
Höhendifferenz: 1370 m und 760 m Aufstieg,
             720 m und 1420 m Abstieg
Wanderzeit: 6 h 25 und 6 h
          (Gegenrichtung: 5 h 45 und 6 h 40)

Für den Abstieg wählt man den Grenzpfad Napf-bergland, der am Naturfreundehaus Ämmital und am Gehöft Chatzerschwand vorbei zum Ahorn führt. Wieder entzückt die prächtige Rund-sicht. Hungrige wählen je nach Laune Berner-(Brästenegg) oder Luzerner-Küche (Ober Ahorn).

Über den Alpsattel Bettler, den Gratübergang an der Fritzeflue (Vorsicht!) und den Aussichts-punkt Hornbachegg führt der meist schmale Weg schliesslich sehr steil über Freudigenegg hinunter nach Wasen i.E.

Gasthäuser am Weg

Hotel Lüderenalp 🍴
Lüderenalp, 3457 Wasen i.E.
Tel. 034 437 16 76

Alpwirtschaft Lushütte
🍴
Ober Lushütte, 3556 Trub
Tel. 034 495 54 41

**Alpgenossenschaft
Niederänzi**
Nideränzi, 3557 Fankhaus
Tel. 034 495 54 36

Hotel Napf 🍴
Napf, 3557 Fankhaus/Trub
Tel. 034 495 54 08

**Restaurant
Brestenegg-Alp**
Brästenegg, 4952 Eriswil
Tel. 062 966 12 88

**Bergrestaurant
Ahorn-Alp**
Ober Ahorn, 4952 Eriswil
Tel. 062 966 17 70

Restaurant Fritzenfluh
Nördlich Fritzeflue
4954 Wyssachen
Tel. 062 966 10 22

Restaurant Löchlibad
Löchlibad, 3457 Wasen i.E.
Tel. 034 435 02 26

Restaurant Grütli
3457 Wasen i.E.
Tel. 034 437 15 80

Restaurant Rössli
3457 Wasen i.E.
Tel. 034 437 02 05

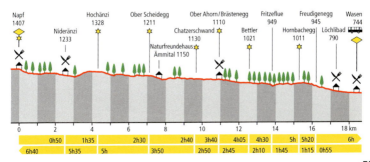

Weier i.E. – Oberwald – Fritzeflue – Eriswil – Huttwil

Ausgiebige Höhenwanderung durchs Oberwaldgebiet, dann über Hornbachegg, Bettler und Belzhöchi ins schmucke Städtchen Huttwil. Prächtige Einzelhöfe am Wege, dazu Aussichtspunkte, die eine herrliche Sicht in die grüne Hügelwelt des Emmentals gewähren. Gutes Schuhwerk empfohlen. Im Bereich der Siedlungen Teilstücke auf Hartbelag.

Blick von der Freudigenegg über das Napf-Vorland

Schienen und Bahnhof stehen noch, doch die Station Affoltern-Weier wird heute mit dem Bus bedient. Bei der Bushaltestelle die Gleise überqueren und zum Wäldchen halten. In angenehmer Steigung geht es zum Hof Tanne aufwärts. Zur linken Hand öffnet sich die Sicht auf die Höhen des Berner und Solothurner Jura, rechts zeigen sich die Stockhornkette und bald auch die eisgekrönten Gipfel der Berner Hochalpen. Gleichmässig ansteigend geht es abwechslungsweise über Wiesen- und Weideland und durch dichten Wald weiter, grösstenteils auf Kiessträsschen.

Über Oberhorn gelangt man zum Aussichtspunkt Guggli und weiter zur Strassengabel Oberwald/ Schaber. Von den Ruhebänken am Waldrand prächtige Sicht zum Alpenkranz. Am sagenumwobenen Bärhegechnübeli vorbei erreicht man über eine aussichtsreiche Alprippe die Höfe von Freudigenegg. Ein kurzer Steilanstieg auf rauhem Pfad führt auf die bewaldete Bergrippe der Hornbachegg. Umfassende Aussicht über das Emmentaler Hügelland zum Jura und zuweilen gar bis zum Schwarzwald.

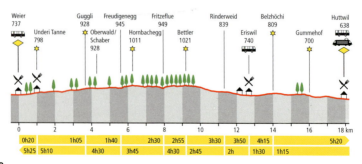

Weier 737		Guggli 928	Freudigenegg 945		Fritzeflue 949		Rinderweid 839		Belzhöchi 809		Huttwil 638
	Underi Tanne 798		Oberwald/ Schaber 928	Hornbachegg 1011		Bettler 1021		Eriswil 740		Gummehof 700	

0h20		1h05	1h40		2h30	2h55		3h30	3h50	4h15		5h20
5h25	5h10		4h30		3h45		4h30	2h45		2h	1h30	1h15

Vorsicht ist an der Fritzeflue geboten. Die Strasse Eriswil–Wasen durchbricht hier in einem Tunnel den sehr schmalen Grat, über den der Pfad zum Bettler weiterführt. Sehr schöner Blick ins Quellgebiet der Grüene. Nun schwenkt man nordwärts um und steigt über eine markante Geländerippe zur breiten Rinderweid ab. Durch einen Hohlweg gehts hinunter ins Hinterdorf und auf einem Fussweg zur Bushaltestelle in Eriswil. Von der einstmals florierenden Leineindustrie zeugen noch gut erhaltene Leinwand-Handelshäuser in spätbarocken und biedermeierlichen Formen. Von der Belzhöchi schöner Rückblick auf Eriswil und zu den bewaldeten Höhen der Fritzeflue. Auf dem Abstieg über Gummehof–Hofuure nach Huttwil bestaunt man die stattlichen Höfe und geniesst die prächtige Sicht auf Huttwil.

Hinfahrt: Mit Bus nach Affoltern-Weier / Bahnhof
Rückfahrt: Ab Huttwil mit Bahn
Weglänge: 18,1 km
Höhendifferenz: 730 m Aufstieg, 830 m Abstieg
Wanderzeit: 5 h 20 (Gegenrichtung: 5 h 25)

Hinweise zu den Routen 23 a + b Seite 109

Gasthäuser am Weg

Restaurant Kreuz
«Röschti Gade»
3462 Weier
Tel. 034 435 19 80

Restaurant Oberwald
Oberwald,
3465 Dürrenroth
Tel. 062 966 15 19

Restaurant Fritzenfluh
Fritzeflue,
4954 Wyssachen
Tel. 062 966 10 22

Gasthof Kloster ⊨⊣
Hinterdorf, 4952 Eriswil
Tel. 062 966 11 09

Restaurant Alpen
4952 Eriswil
Tel. 062 966 18 47

Restaurant Bären
4952 Eriswil
Tel. 062 966 11 98

Hotel Mohren ⊨⊣
4950 Huttwil
Tel. 062 962 20 10

Hotel Bahnhof ⊨⊣
4950 Huttwil
Tel. 062 962 21 09

Niemandsland im Oberwald

Unweit der Wirtschaft Oberwald liegt ein Stück Niemandsland: der einstige Tanzplatz der Jugend aus der Umgebung. Im Alten Bern galt das Tanzen als sittenwidrig und anstössig. Daher suchte die Jugend für ihre Tanzfeste möglichst abgelegene Orte – fern der strafenden Hand der Obrigkeit. Damit die Tänzer nicht einzeln belangt werden konnten, bildeten sie eine «Tanzplatzkorporation», der das Waldstück fortan gehörte.

Mehrmals pro Jahr zogen die jungen Leute mit Geige, Handorgel, Flöte und Zither in den Wald, «um etwas von der Jugend zu haben.» Eines der wenigen Zeugnisse dieses Treibens dürfte der Chorgerichtsbericht gegen den Oberwald-Wirt Ulrich Kauer von 1654 darstellen. Dieser wurde gebüsst, weil er «wider alle warnungen wein ausgeben, sonderlich an Sontagen in währender Kinderlehr, knaben und meidtlin stat und platz gäben, auch soll übernacht auf den benken einanderen umbhin schleipfen lassen.»

Ramsei–Hinter Längholz–Moosegg–Ofeneggalp–Signau

Abwechslungsreiche Wanderung über den Höhenzug zwischen dem weiten Tal der Emme und dem engen Nesselgraben zum unvergleichlichen Aussichtspunkt Moosegg. Steiler Abstieg in der Ostflanke der Blasenflue in eines der schönsten Emmentaler Dörfer. Mehrere prächtige Aussichtspunkte. Kurze Teilstücke auf Hartbelag auch ausserhalb des Siedlungsgebiets.

Blick von der Moosegg zu Schrattenflue und Hohgant und zum Gipfelkranz der Berner Alpen

Bei der Station Ramsei verlässt man das Siedlungsgebiet auf dem Fussweg zwischen Bahntrasse und Kantonsstrasse, quert die Gleise und erreicht die Emme, der man auf dem schön angelegten Uferweg folgt. Beim Ranflühstäg gilt es auf die südliche Seite zu wechseln, und kurz danach wird hangwärts abgezweigt. Auf

Waldsträsschen und steilen Fusspfaden gelangt man zur Ruine Wartenstein. Die einst stolze Burg wurde 1383 im Burgdorferkrieg von den Bernern geschleift.
Über aussichtsreiche Hügelzüge und durch dunkle Tannenwälder geht es zum Hof Hinter Längholz. Die Ausblicke werden immer prächtiger:

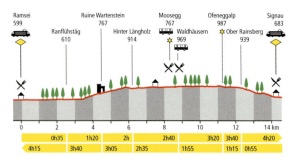

Im weiten Talboden der Ilfis liegt Langnau und über den bewaldeten Höhen des inneren Emmentals steht eindrücklich der Alpenkranz. Ein neu angelegter Spazierweg führt abseits der oft recht stark befahrenen Strasse zum Hotel Moosegg in herrlicher Aussichtslage und weiter zum heimeligen Gasthof Waldhäusern, wo sich das Berner-Oberländer-Bergpanorama in seiner ganzen Pracht zeigt. Nun kurz auf der Strasse westwärts, dann quert ein Forstweg in zahlreichen Windungen die bewaldete Ostflanke der Blasenflue. Über die Ofeneggalp geht es abwärts zum Hof Ober Rainsberg und steil hinunter ins schmucke Dorf Signau.

Hinfahrt: Mit Bahn nach Ramsei
Rückfahrt: Ab Signau mit Bahn
Weglänge: 14,2 km
Höhendifferenz: 620 m Aufstieg, 540 m Abstieg
Wanderzeit: 4 h 20 (Gegenrichtung: 4 h 15)

Gasthäuser am Weg

Restaurant Bahnhof ⊨
3435 Ramsei
Tel. 034 461 18 84

Hotel Moosegg ⊨
Moosegg, 3543 Emmenmatt
Tel. 034 409 06 06

Gasthof Waldhäusern
Moosegg, 3543 Emmenmatt
Tel. 034 402 22 24

Gasthof Bären ⊨
3534 Signau
Tel. 034 497 13 64

Gasthof zum roten Thurm ⊨
3534 Signau
Tel. 034 497 13 81

Restaurant Bahnhof
3534 Signau
Tel. 034 497 11 06

Niklaus Leuenberger, der Bauernführer

Bereits in früheren Zeiten wusste sich der Bauernstand gegen obrigkeitlichen Druck zu wehren. Besonders explosiv war die Lage im Mai 1653, als ein Heer von 10'000 unzufriedenen Bauern unter der Führung von Niklaus Leuenberger aus Rüderswil und Christian Schybi aus Escholzmatt vor den Toren Berns lagerte. Die Bauern forderten die Rücknahme der Währungsabwertung, die Reduktion der Steuerlast, grössere Freiheit beim Salz- und Viehhandel, ein milderes Schuldbetreibungsrecht und – eine für damalige Verhältnisse geradezu revolutionäre Anmassung – gleichberechtigte Mitsprache. Mit unvergleichlicher Härte schlug die Obrigkeit den Aufstand nieder und verurteilte drei Dutzend Anführer zum Tod, darunter auch Niklaus Leuenberger. An den «Bauern-König» erinnert ein Denkmal am östlichen Dorfrand von Rüderswil.

Zäziwil – Blasenflue – Moosegg – Lauperswil – Zollbrück

Prächtige Höhenwanderung über die Hügelrücken der bewaldeten Blasenflue und der aussichtsreichen Moosegg. Ausgangs- und Zielpunkt der Wanderung liegen in stattlichen Emmentaler Dörfern mit beachtlichem ländlichem Baubestand. Unterwegs einzigartige Ausblicke zum Aaretal, in die Täler der Emme und der Ilfis und zum Alpenkranz. Teilstücke auf Hartbelag.

Von der Station Zäziwil vorerst ins Dorfzentrum und, der Strasse taleinwärts folgend, zur bewaldeten Rippe des Buelebergs. Ein schmaler Pfad führt sehr steil zum Waldrand hinauf. Unterwegs schöner Rückblick über das Kirchdorf Zäziwil (der Name wird als Siedlung des Alemannen Zazo gedeutet) zum Stockhorn. Beim Verlassen des Waldes hat man die Waldkuppe der Blasenflue direkt voraus. Nun senkt sich der Weg vorerst zu den Häusern von Chäneltal. Der Weiler gehört zur weiträumigen, dies- und jenseits des Zäzibachs gelegenen Gemeinde Oberthal, die als ausgeprägtes Einzelhof-Gebiet kein eigentliches Zentrum aufweist.

In leichtem Auf und Ab geht es in einer ausgeprägten Strassenschlaufe zu den Häusern von Längibach und anschliessend, wechselweise auf Fahr- und Forstwegen, hinauf zur Blasenflue. Der ehemals vorzügliche Aussichtspunkt wird immer stärker vom Wald beengt. Schöne Durchblicke ins Napfbergland, nach Langnau und ins Oberemmental sind aber immer noch möglich. Recht ruppig ist der Abstieg der bewaldeten Hangkante entlang zum Gasthaus Waldhäusern. Der Ausblick zum Churzenberg, ins Rämisgummen-Gebiet und zum Gipfelkranz der Voralpen und Alpen ist beinahe grenzenlos. Auch das nahe Hotel Moosegg

Unter dem Begriff «Ämmitaler Ruschtig» werden Erzeugnisse aus regionaler Produktion aus Gewerbe, Landwirtschaft und Gastronomie angeboten.

bietet eine beglückende Sicht in die Hügelwelt des Emmentals.

Der weitere Weg nach Hinter Längholz verdient die Auszeichnung «Panoramaweg». Einzig der Asphalt vermag diesen Genuss etwas zu schmälern. Angenehm ist dagegen der Abstieg

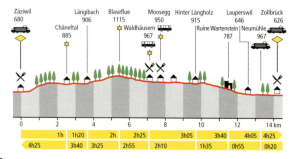

Zäziwil 680		Längibach 906	Blaseflue 1115	Moosegg 950	Hinter Längholz 915	Lauperswil 646	Zollbrück 626
	Chäneltal 885		Waldhäusern 967	967	Ruine Wartenstein 787	Neumühle 967	

0		2		4		6		8		10		12		14 km

1h	1h20		2h	2h25		3h05		3h40		4h05	4h25
4h25	3h40	3h25	2h55		2h10		1h35		0h55	0h20	

Hinfahrt: Mit Bahn nach Zäziwil
Rückfahrt: Ab Zollbrück mit Bahn
Weglänge: 14,5 km
Höhendifferenz: 600 m Aufstieg, 660 m Abstieg
Wanderzeit: 4 h 25 (Gegenrichtung: 4 h 25)

am Hof Burgchnubel vorüber zum Gehöft Unter Burg und nach Lauperswil. Die Gebäudegruppe Kirche, Pfarrhaus mit Pfrundhaus und Ofenhaus ist im Inventar der Kulturgüter von nationaler Bedeutung verzeichnet. Ebenen Wegs erreicht man das Emme-Ufer. Erholsam ist die Wanderung auf dem Uferweg nach Zollbrück.

Hinweise zu Route 25a Seite 109

Gasthäuser am Weg

Restaurant Bahnhof
3532 Zäziwil
Tel. 031 711 12 42

**Gasthof zum
Weissen Rössli**
3532 Zäziwil
Tel. 031 711 53 71

Gasthof Waldhäusern
Moosegg,
3543 Emmenmatt
Tel. 034 402 22 24

Hotel Moosegg ⊨
Moosegg,
3543 Emmenmatt
Tel. 034 409 06 06

Restaurant Sternen
Neumühle,
3436 Zollbrück
Tel. 034 496 78 10

Restaurant zur Brücke
3436 Zollbrück
Tel. 034 496 76 68

«Ämmitaler Ruschtig»

Was wäre das Emmental ohne seine arbeitsamen Bauern und seine währschaften gemütlichen Gasthäuser? Doch in den letzten Jahren sind Landwirtschaft und Gastronomie immer stärker in Bedrängnis geraten. Beide verloren zunehmend an Wettbewerbsfähigkeit. Darum wurde 1992 unter dem Namen «Ämmitaler Ruschtig» (Ruschtig = Ware) eine Interessengemeinschaft gegründet, die sich für einheimische landwirtschaftliche Produkte, für das ortsansässige Gewerbe und die landschaftsverbundene Gastronomie einsetzt. Mit dem Label «Ämmitaler Ruschtig» werden Waren ausgezeichnet, die zu mindestens 80 % aus anerkannt ökologischer, regionaler Produktion stammen. Dazu müssen sämtliche Erzeugnisse mit der Adresse des Produzenten oder des Verarbeiters versehen sein. Grund genug, um zur Krönung einer Emmentaler Wanderung ein schmackhaftes «Ämmitaler-Ruschtig»-Menü zu geniessen.

Chilbi-Stimmung: An die dreissig «Chilbine» (einst Kirchweih-Feste) finden im Laufe des Jahres allein im Emmental statt.

Ausgeprägte Waldwanderung über Höhenrücken zwischen Bigetal und dem Tal der Emme im Einzugsgebiet des Bigle- und des Goldbachs. Dennoch brauchen die Wandernden nicht auf herrliche Ausblicke zu verzichten, verspricht doch der Aussichtsbalkon Moosegg einen unvergleichlichen Einblick in die grüne Hügelwelt des Oberemmentals. Wenig Hartbelag.

Kirche und Pfarrhaus dominieren den gut erhaltenen Dorfkern von Walkringen mit den prächtigen Bauten aus dem 18. und 19. Jh., die von mehreren «Leinwandherren» errichtet worden sind. Von der Station Walkringen dorfwärts halten und sofort steil bergan zu den Höfen von Golpisberg. Unterwegs schöner Blick auf das Dorf und zur Mänziwilegg. Der weiterhin steile Aufstieg nach Nünhaupt wird durch den Rückblick auf Wikartswil, zum Rüttihubelbad und über den Bantiger zum Jura mehr als entschädigt. Der eigenartige Name Nünhaupt

erinnert wohl daran, dass die dortigen Wiesen Futter für neun Stück Grossvieh hergaben.

In der Senke am Strassenübergang vom Goldbachtal nach Biglen liegt die Häusergruppe Tanne. Hier dringt man in den grossen Wald am Geissrüggen ein, durch den man gemächlich ansteigend die Lichtung von Spränzel erreicht. Oberhalb des Hofes Hinteregg wird die Sicht auf die Stockhorn-Gantrisch-Kette frei.

Geradezu überwältigend ist aber der Ausblick von Moosegg/Waldhäusern aus. Herrlich ist auch

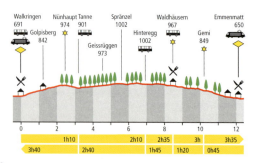

| | Walkringen 691 | Golpisberg 842 | Nünhaupt 974 | Tanne 901 | Geissrüggen 973 | Spränzel 1002 | Hinteregg 1002 | Waldhäusern 967 | Gemi 849 | Emmenmatt 650 |

| 0 | 2 | 4 | 6 | 8 | 10 | 12 |

| | 1h10 | | 2h10 | 2h35 | 3h | 3h35 |
| 3h40 | | 2h40 | | 1h45 | 1h20 | 0h45 |

der Abstieg über die Egguriedegg nach Gemi, wo man noch einmal das ganze Bergpanorama zwischen Pilatus und Stockhorn vor sich hat. Danach geht es über einen steilen, rauen Weg nach Blasen hinunter und parallel zur Strasse zur Station Emmenmatt.

Hinfahrt: Mit Bahn nach Walkringen
Rückfahrt: Ab Emmenmatt mit Bahn
Weglänge: 12,4 km
Höhendifferenz: 500 m Aufstieg, 540 m Abstieg
Wanderzeit: 3 h 35 (Gegenrichtung: 3 h 40)

Hinweise zu Route 26a Seite 110

Gasthäuser am Weg

Gasthof Bären 🛏
3512 Walkringen
Tel. 031 701 12 76

Restaurant Sternen
Sternenzentrum,
3512 Walkringen
Tel. 031 702 02 62

Gasthof Waldhäusern
Moosegg,
3543 Emmenmatt
Tel. 034 402 22 24

Hotel Moosegg 🛏
Moosegg,
3543 Emmenmatt
Tel. 034 409 06 06

Aemme-Beizli
3543 Emmenmatt
Tel. 034 402 22 33

Sturm «Lothar» – Fluch oder Chance?

Fürchterlich hatte am 26. Dezember 1999 der Sturm «Lothar» gewütet. Die Spuren seines Zugs sind auch heute noch deutlich zu sehen. Allein im Emmental wurden rund 700'000 Bäume vom Sturmwind entwurzelt, zerrissen oder geknickt. Das Schadholz entsprach etwa dem Siebenfachen einer normalen Jahresnutzung.

Zugleich deckten die Verwüstungen aber auch Schwachstellen in der bisherigen Forstwirtschaft auf: Zu einseitig war der Wald nur als Nutzholzlieferant betrachtet und gepflegt worden. In den Jahren nach dem Sturm war zwar kaum viel zu holzen. Im einstmals zu dunklen und an Holzvorräten zu reichen Emmentaler Wald gibt es nun aber wieder viele Jungwuchsflächen. Zudem bietet das Totholz Lebensraum für Insekten, Vögel und Pflanzen, und die Schutzfunktion des Waldes bleibt nach Aussage der Sachverständigen gewährleistet.

Hasle-Rüegsau – Lueg – Affoltern i.E. – Egg – Rüegsau

Prächtige Egg-Wanderung mit vielen Höhepunkten: Der Heiligenlandhubel (die Lueg) gilt als Erhebung mit der umfassendsten Aussicht im Unteremmental. In Affoltern lädt die Schaukäserei zur Besichtigung ein. Auf der Egg oberhalb Sumiswald wirkte einst der Lehrer und Mundarterzähler Simon Gfeller. Längere Teilstücke auf Hartbelag auch ausserhalb der Ortschaften.

Wie peinlich sauber in der Käseproduktion gearbeitet wird, zeigt die Schaukäserei in Affoltern i.E.

Von der Station Hasle-Rüegsau über die nahe Emme-Brücke und nordwärts über den Talboden von Rüegsauschachen. Steil führt das Strässchen im bewaldeten Bachgraben aufwärts. Aus diesem schwenkt ein Fahrweg über die Egg nach Otzeberg hinauf und führt am Hof Schalleberg vorüber zur Aussichtshöhe Rachisberg.

Bereits hat man annähernd 300 Höhenmeter überwunden. Der weitere Routenverlauf weist keine nennenswerten Höhendifferenzen auf. Über die Almisberg Egg erreicht man die Höhe oberhalb Zitistu (früher verhochdeutscht «Zeitlistal»). Beim nahen Gehöft soll einst ein stets eiliger Geistlicher gepredigt haben, der seine erbaulichen Gedanken jeweils mit den Worten «'S isch Zit is Tal!» beschlossen haben soll.

Am Schulhaus Rotebaum vorüber geht es zur Lueg-Wirtschaft, dann zum Fuss des Heiligenlandhubels und steil hinauf zum Lueg-Denkmal. Überwältigende Hügel- und Alpensicht! Von Junkholz weg verläuft die Wanderung leider auf einer längeren Strecke vorwiegend auf Asphalt-Strässchen.

Affoltern erhielt bereits 1742 eine Turmuhr. Das schwere Uhrwerk wurde wegen der holprigen Strassen von Bern hierher getragen! Auf dem

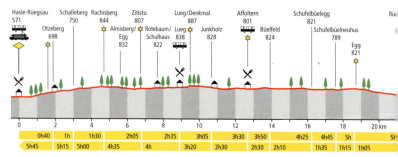

Hinfahrt: Mit Bahn nach Hasle-Rüegsau
Rückfahrt: Ab Rüegsau mit Bus
Weglänge: 21,7 km
Höhendifferenz: 640 m Aufstieg, 620 m Abstieg
Wanderzeit: 5 h 50 (Gegenrichtung: 5 h 45)

Hinweise zu Route 27a Seite 110

Höhenstrasschen gelangt man weiter ins Büelfeld. Von hier an bis zum Hegewald und weiter bis südlich des Schulhauses Neuegg steht Wandernden ein neuer Fussweg zur Verfügung, der anfänglich parallel zur Fahrstrasse angelegt ist, später dem Waldrand entlang führt. Über Reckenberg–Flüe steigt man nach Rüegsau ab.

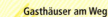

Gasthäuser am Weg

Restaurant
zum weissen Kreuz
Kalchofen,
3415 Hasle-Rüegsau
Tel. 034 461 12 02

Restaurant Pizzeria
Piazza
3415 Hasle-Rüegsau
Tel. 034 461 52 22

Landgasthof Lueg ⊨⊣
Lueg, 3413 Kaltacker
Tel. 034 435 12 23

Gasthof Löwen ⊨⊣
Emmentaler Schaukäserei
3416 Affoltern i.E.
Tel. 034 435 12 01

Hotel Sonne ⊨⊣
3416 Affoltern
Tel. 034 435 80 00

Restaurant Bären
3417 Rüegsau
Tel. 034 461 12 08

Alles Käse, oder was?

Wer die landwirtschaftlichen Produkte im Emmental allein mit Emmentaler Käse gleichsetzt, liegt sicher falsch. Zu vielseitig ist heute die Palette der Erzeugnisse aus der Region. Doch hat «der Grosse mit den grossen Löchern» wesentlich dazu beigetragen, dass der Name Emmental heute in der ganzen Welt ein Begriff ist. Charakteristische Merkmale des «Emmentalers» sind sein harmonisches, salzarmes Aroma, die salzigen Tröpfchen (Freudentränen) im Reife-Stadium und natürlich die Löcher. Diese entstehen während der Reifezeit, wenn die beigegebenen Bakterien Kohlensäure freisetzen, die schliesslich unterschiedlich grosse Gasblasen (die charakteristischen Löcher) erzeugen. Die Produktion des Emmentalers kann in der Emmentaler Schaukäserei in Affoltern i.E. mitverfolgt werden (täglich geöffnet).

Burgdorf–Hasle-Rüegsau–Lützelflüh–Zollbrück–Emmenmatt

Abwechslungsreiche Flussuferwanderung durch Auenwälder, vorbei an Kiesbänken und Flussschwellen, über Brücken und Stege und durch währschafte Dörfer. Die Emme-Ufer sind beidseitig begehbar und signalisiert. Die vorgeschlagene Route wechselt mehrmals ans andere Ufer und streift auch die neue Emme-Birne oberhalb Oberburg. Hartbelag einzig im Siedlungsbereich.

Vom Bahnhof Burgdorf gegen die Gisnauflüe ans Emme-Ufer. Mit schönem Blick aufs Schloss zur Waldeggbrügg und durch Auenwald zur modernen Heimiswilbrügg. Ein schmaler Dammweg führt zur Lochbachbrügg. Links das Lochbachbad, das auf 1670 zurückgeht und im 18. Jh. das grösste Kurbad des Emmentals war.

Nun beginnt die besonders idyllische Wegstrecke längs der neuen Emme-Birne: Der Steinblock-Stapel nahe der Emme-Böschung soll als Wehrmauer Verwendung finden, falls der Fluss allzu weit ausufern sollte. Der Wanderweg ist bereits an den Fuss des den Schachen säumenden Sandstein-Bandes zurückverlegt. Er windet sich zwischen kleinen Wasserläufen und dunklen Tümpeln durch den Auenwald.

Wer lieber auf den Kiesbänken in der Emme-Birne rastet, wechselt bei der Lochbachbrügg ans andere Flussufer. Bald erreicht man die 1839 erbaute Holzbrücke im Kalchofen. Die alte, 800 m flussabwärts verschobene Holzbogen-Brücke besitzt mit 58,5 m die grösste Spannweite in Europa. Auch bei der Beton-Brücke in Hasle-Rüegsau bleibt man am östlichen Emme-Ufer und erreicht durch Auenwald die Brücke in Lützelflüh nahe der Kirche und den Gotthelf-Stätten.

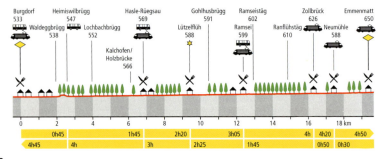

Kurz nach der gedeckten Gohlhusbrügg wird der Auenwald schmaler, umso zahlreicher sind die Ausblicke in die Hügelwelt des mittleren Emmentals. Die Fluss- und Bachübergänge häufen sich. So überschreitet man den Grüenestäg nahe der Station Ramsei, wechselt über den Ramseistäg, findet über den Ranflühstäg wieder ans östliche Ufer zurück und überschreitet die Emme ein weiteres Mal im an schöner, alter Bausubstanz reichen Zollbrück. Durch die weite Husmatt geht es nahe der Haltestelle Neumühle vorüber taleinwärts nach Emmenmatt.

Hinfahrt: Mit Bahn nach Burgdorf
Rückfahrt: Ab Emmenmatt mit Bahn
Weglänge: 19,6 km
Höhendifferenz: 230 m Aufstieg, 110 m Abstieg
Wanderzeit: 4 h 50 (Gegenrichtung: 4 h 45)

Die Emme-Birne bei Oberburg

Gasthäuser am Weg

**Restaurant
Schützenhaus**
3400 Burgdorf
Tel. 034 428 82 00

Restaurant Hallenbad
3400 Burgdorf
Tel. 034 422 97 37

Bistro Juliette
3415 Rüegsauschachen
Tel. 034 461 36 27

**Restaurant
Emmenbrücke**
3432 Lützelflüh
Tel. 034 421 16 24

Restaurant Bahnhof
3435 Ramsei
Tel. 034 461 18 84

Restaurant zur Brücke
3436 Zollbrück
Tel. 034 496 76 68

Aemme-Beizli
3543 Emmenmatt
Tel. 034 402 22 33

Renaturierung mit Hilfe der Natur

Renaturierung wird im Kanton Bern gross geschrieben. Im Emme-Bett hofft man damit der allzu starken Geschiebe-Verfrachtung entgegenzuwirken und künftigen Hochwassern mehr Auslauf zu gewähren. Nachdem sich die erste «Ämme-Bire» («Birne» genannt nach der Form der Erweiterung des Flusslaufes) bei Utzenstorf bestens bewährt hat, werden weitere ähnliche Projekte verwirklicht. Zwischen Oberburg und Hasle wird das bisher 36 m breite Flussbett auf über 60 m Breite erweitert. Den grössten Teil der Arbeit übernimmt der Fluss dabei selbst. Auf einer Länge von 500 m wurde darum die Uferverbauung entfernt und die Böschung gerodet. Zudem lenken Sporen aus Steinblöcken, sogenannte Buhnen, das Wasser in neue Bahnen. Dazwischen bilden sich Kiesbänke und Tümpel mit seichtem Wasser. Der Fluss-Erosion soll erst Einhalt geboten werden, wenn Hochwasser die Ufer zu weit abtragen. Auf diese Weise soll das Auengebiet revitalisiert und die Artenvielfalt am Wasser gefördert werden.

Oberaargau: Routen 29–46

«Land unter Sternen» hat die Oberaargauer Schriftstellerin Maria Waser ihre Heimat genannt. Von dieser lichtvollen Landschaft liessen sich auch viele Künstler inspirieren, so etwa der dichtende Schmied Jakob Käser aus Madiswil oder der weltberühmte Maler Cuno Amiet in Oschwand.

Drei Landschaften lassen sich im Oberaargau unterscheiden: der Jurahang der Leberenkette nördlich der Linie Wiedlisbach–Niederbipp, die weite Talebene der Aare und das Hügelland südlich von Langenthal und Herzogenbuchsee. Es ist eine ausgewogene Landschaft, die vom Einklang lebt; dem Theatralischen abhold ist – dafür dem Wunder am Wege umso offener gegenüber steht. Die verträumten Landstädtchen Wangen a.A. und Wiedlisbach strahlen diese bürgerliche Wohlhabenheit aus, die auch der Oberaargauer Landschaft eigen ist. Grosse Teile dieser freundlichen Region im Grenzgebiet zu Solothurn, dem Aargau und Luzern sind auch heute noch von wohlhabendem Bauerntum geprägt.

Bild: Blick vom Aare-Uferweg bei Wangen a. A. zu den Jura-Höhen oberhalb Rumisberg.

Burgdorf – Kirchberg – Emme-Birne – Landshut – Utzenstorf

Emme-Uferweg wechselweise am linken und am rechten Ufer des Flusses (beide Uferwege sind signalisiert). Am Weg der eindrückliche Kirchhügel von Kirchberg, die Emme-Birne bei Aefligen – eine Renaturierungslandschaft, die sich mit ihren «Grien»-Bänken (Kiesbänken) vorzüglich als Tummelplatz für Familien eignet –, Auenwälder mit weitflächigen Schachtelhalm-Beständen (Chatzestil = Schachtelhalm) und Schloss Landshut mit dem Schweizerischen Museum für Wild und Jagd. Wenig Hartbelag.

In Burgdorf durch die Unterführung auf der Ostseite des Bahnhofs, dann Richtung Emme halten. Ein gepflegter Spazierweg, später ein schmaler Pfad, folgt der Emme durch einen stattlichen Schachenwaldstreifen. Friedlich windet sich der Fluss normalerweise zwischen den Kiesbänken dahin.

Weite Landschaft, seichtes Wasser, weitgehend natürliche Uferpartien, breite Kiesbänke: Emme-Birne bei Aefligen.

Noch im 18. Jh. war das Emmebett bei Kirchberg 150 m breit. Wegen mangelnder Fliessgeschwindigkeit des Wassers blieb das Geschiebe liegen und die Flusssohle begann sich in gefährlichem Ausmass zu heben. Die spätere Eindämmung der Emme hatte gegenteilige Folgen, indem die Sohlenerosion so stark zunahm, dass der Grundwasserspiegel in der Umgebung absackte. Dazu lagert der Fluss gegenwärtig jährlich bis zu 30'000 m³ Geröll in die Aare ab. Mit den sogenannten Emme-

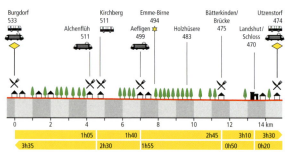

Birnen wird nun versucht, Gegensteuer zu geben. In Alchenflüh wechselt man nach Kirchberg hinüber. Rechts steht auf einem Hügel die weithin sichtbare Kirche. Schöner Aussichtspunkt. Der gepflegte Spazierweg wandelt sich emmeabwärts zum schmalen Uferpfad. In Aefligen wechselt man erneut zur gegenüber liegenden Uferpartie, weil dort die Kiesbänke besser zugänglich sind. Bald gelangt man zur Emme-Birne, einer künstlich erstellten Flussbetterweiterung, die sich nun auf natürliche Weise weiter entwickelt.

Die sich immer wieder verändernden Kiesbänke mit dem rundgeschliffenen «Ämme-Grien» laden zum Verweilen ein. Im Auenwald sind stellenweise dichte Bestände von Schachtelhalmen und Lianen des wilden Hopfens und der Waldrebe zu finden. Über Holzhüsere geht es zwischen Emme und Urtenen zur Bätterkinden-Brücke. Den krönenden Abschluss der Wanderung bildet der Abstecher zum Wasserschloss Landshut in der Nähe von Utzenstorf.

Hinfahrt: Mit Bahn nach Burgdorf
Rückfahrt: Ab Utzenstorf mit Bahn
Weglänge: 14,9 km
Höhendifferenz: 20 m Aufstieg, 80 m Abstieg
Wanderzeit: 3 h 30 (Gegenrichtung: 3 h 35)

Gasthäuser am Weg

Gasthof Emmenhof
3400 Burgdorf
Tel. 034 422 22 75

Restaurant Brücke
3422 Kirchberg
Tel. 034 445 11 83

Restaurant Dachchäneli
3426 Aefligen
Tel. 034 445 52 02

Restaurant Warteck
3400 Burgdorf
Tel. 034 423 14 34

Restaurant Trattoria Giardino 🛏
3422 Kirchberg
Tel. 034 445 59 79

Restaurant zum Schloss Landshut
Landshut, 3427 Utzenstorf
Tel. 032 665 40 44

Restaurant zum Bahnhof 🛏
3422 Alchenflüh
Tel. 034 445 23 22

Restaurant Platanenhof
3422 Kirchberg
Tel. 034 445 45 40

Restaurant Linde
Landshut, 3427 Utzenstorf
Tel. 032 665 41 40

Restaurant Eisenbahn
3422 Alchenflüh
Tel. 034 445 22 21

Restaurant Bahnhof
3426 Aefligen
Tel. 034 445 21 74

Hotel Bahnhof 🛏
3427 Utzenstorf
Tel. 032 665 38 38

Schloss Landshut

Schloss Landshut ist das letzte intakte Wasserschloss im Kanton Bern. Es geht vermutlich auf das 12. Jh. zurück. Das zum Schutzsystem der Residenz Burgdorf zählende Schloss wurde 1253 erstmals urkundlich erwähnt. Nach mehrmaliger Handänderung, Zerstörung und Wiederaufbau ging der einst kyburgische Besitz 1514 an die Stadt Bern über. Diese errichtete darin eine Landvogtei, die bis 1798 von insgesamt 55 Landvögten verwaltet wurde. Anschliessend Privatbesitz, bis das Schloss 1958 an den Staat Bern überging.

Landshut ist heute Sitz des Schweizerischen Museums für Wild und Jagd, das alle Naturliebenden zu fesseln vermag (geöffnet Mitte Mai bis Mitte Oktober, ausgenommen montags). Das Wasserschloss bildet mit seinem gepflegten Park und den uralten Bäumen ein sehenswertes harmonisches Ganzes.

Burgdorf – Bälchtürli – Reiteneggwald – Niederösch – Koppigen

Beschauliche Wanderung auf dem alten Märitweg durch prächtige Waldungen ins fruchtbare Bauernland an der untern Emme. Eindrücklich ist der Übergang aus dem bewaldeten, kaum bewohnten Hügelland im Norden von Burgdorf ins weite, vom Verkehr geprägte Flachland. Schöne Ausblicke zum langen Waldrücken des Bucheggbergs und zum Jura. Ausserorts kaum Hartbelag.

Im Bahnhof Burgdorf ostwärts, dann durch die Unterführung an die Emme und über den Steg dem Waldrand entlang recht steil hinauf zum Gyrisberg. Im Aufstieg schöner Rückblick auf die Stadt. Der Weg senkt sich jetzt zum Gehöft Haberrüti, setzt über die Ösch und führt über den Waldhügel Weier-Ischlag zum entrückten Waldwinkel des Bälchtürli.

Die Route folgt nun dem alten Märitweg, auf dem einst die Öscher und die Koppiger zum «Burdlefer Märit» zogen. Von der Höhe im Reiteneggwald senkt sich der Weg gemächlich an den Waldrand. Überrascht nimmt man die Weite der vorausliegenden Landschaft wahr: Vor der hellen Öschflue drängen sich die Giebel von Niederösch. Dahinter sieht man Koppigen und das Gebäude der Gartenbauschule Oeschberg. Über der Ebene erhebt sich der Waldrücken des Bucheggbergs, während der Jura das schöne Landschaftsbild umrahmt (das leider von Hochspannungsleitungen zerschnitten wird).

In Niederösch der Ösch entlang zur Gartenanlage von Oeschberg, deren Besuch sich lohnt. Um 1750 war Oeschberg wichtige Poststation, wo Sechsspänner auf ihrer Fahrt zwischen Bern und

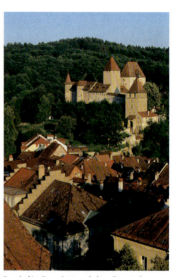

Burgdorf ist die am besten erhaltene Dynastenburg im Kanton Bern. Nach der Sage soll sie 712 gegründet worden sein.

Burgdorf 533		Haberrüti 538	Bälchtürli 555			Niederösch 485		Koppigen 474
	Gyrisberg 610			Reiteneggwald 581			Oeschberg 480	

0	2	4	6	8	10 km
0h30	1h10	1h40	2h10	2h30	2h45
2h50	2h30	1h45	1h15	0h40	0h15

Hinfahrt: Mit Bahn nach Burgdorf
Rückfahrt: Ab Koppigen mit Bus
Weglänge: 10,8 km
Höhendifferenz: 220 m Aufstieg, 280 m Abstieg
Wanderzeit: 2 h 45 (Gegenrichtung: 2 h 50)

Zürich Halt machten. Elise Affolter, eine Erbin eines ehemaligen Koppiger Gemeindepräsidenten, stiftete das Oeschberggut für ein Heim, in dem langjährige treue Dienstboten bei leichter Arbeit ihren Ruhestand verbringen können. Auf demselben Areal entstand 1920 die Gartenbauschule. Der Weiterweg nach Koppigen führt wiederum der Ösch entlang.

Hinweise zu den Routen 30 a + b Seite 110

Gasthäuser am Weg

Gasthof Emmenhof
3400 Burgdorf
Tel. 034 422 22 75

Restaurant Löwen
3424 Niederösch
Tel. 034 413 03 30

Restaurant Rössli
3425 Koppigen
Tel. 034 413 11 34

Restaurant Warteck
3400 Burgdorf
Tel. 034 423 14 34

Gasthof zum Sternen
⊨
3425 Koppigen
Tel. 034 413 11 84

Keine Burg und kein Dorf, sondern Schloss und Stadt

Burgdorf bietet eine der schönsten Stadtansichten des Kantons. Die baulichen Akzente Schloss, Stadtkirche und Altstadt bilden zusammen «eine klassische Stadtsilhouette von nationaler Bedeutung» (nach dem «Kunstführer durch die Schweiz»). Die erste urkundliche Erwähnung von 1175 bezieht sich auf das Schloss, dessen Erbauer die Herzöge von Zähringen waren. Auf diese folgten die Kyburger, deren Verwalter, König Rudolf von Habsburg, öfters auf dem Schloss weilte.

Was die ersten bernischen Kanonen 1383 nicht erreichten, schaffte ein Jahr später das Geld: Die verarmten Kyburger mussten Schloss und Stadt an Bern verkaufen. Fortan sass ein bernischer Schultheiss auf dem Schloss. Eine Tafel am Eingang erinnert an Heinrich Pestalozzi, der von 1799 bis 1804 hier wirkte. Das Schloss beherbergt regionale Verwaltungsstellen und reichhaltige historische Sammlungen (geöffnet April bis Oktober).
Burgdorf war seit dem Mittelalter ein wichtiger Marktort. Daneben gewannen Textil- und Bekleidungsindustrie, später Maschinen- und Metallindustrie immer grössere Bedeutung. Auch als Schul- und Dienstleistungsstadt geniesst Burgdorf heute einen guten Ruf.

Utzenstorf – Niederösch – Unter Alchenstorf – Grossholz – Riedtwil

Schöne Wanderung ohne grosse Höhendifferenzen aus der Kornkammer des Alten Bern über sanfte, bewaldete Hügel ins liebliche Tal der Önz. Unterwegs gewinnt man einen Einblick in die Vielfalt landschaftlicher Reize des Oberaargaus, der weder geografisch noch politisch klar zu umgrenzen ist. Auch ausserorts Teilstücke auf Hartbelag.

In unmittelbarer Nähe von Utzenstorf steht das einzige Wasserschloss im Kanton Bern: Landshut. Es ist Sitz des schweizerischen Museums für Wild und Jagd.

Von der Station Utzenstorf ins Zentrum des grossen Dorfs, in dem, gemäss Aussage des einstigen Vikars Jeremias Gotthelf, «der Fremdling alles findet, was er sucht, doch selten den rechten Weg.» Neben stattlichen Bauernhäusern, dem behäbigen Gasthof Bären (1816) und dem Pfarrhaus (1727) ist vor allem die ehemalige St.-Martins-Kirche (1457/1522) mit dem Wappenscheiben-Zyklus von Hans Funk (um 1522) sehenswert.

Die Solothurn-Strasse queren und über das weite Feld an den Waldrand, wo man südwärts zur Sägerei in der Grüenau umschwenkt. Unterwegs schöne Sicht zur bewaldeten Höhe des Bucheggbergs, zum Weissenstein und zu den Alpen. In dieser Gegend war einst ein Grossflughafen geplant. Der Widerstand der Utzenstorfer Bevölkerung verhinderte das Projekt, das schliesslich in Zürich-Kloten verwirklicht wurde. Für Verkehrslärm ist trotzdem gesorgt, quert die Wanderroute doch nicht bloss den Waldstreifen, sondern bald auch Nationalstrasse und Schnellbahntrasse.

Schöner Blick zur Kirche von Kirchberg und zu den Höhen des Emmentals. Nach Querung des Loonwaldes wird die Ebene noch weiter. Die Umgebung von Niederösch ist eine riesige Kornkammer. Zur Erntezeit gibt Gottfried Kellers Gedicht «Es wallt

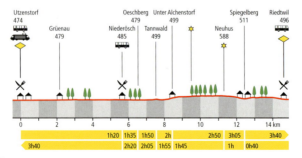

das Korn weit in die Runde, und wie ein Meer dehnt es sich aus» das Landschaftsbild trefflich wieder.

Hinter den Firsten des Bauerndorfs Niederösch ragt die helle Öschflue auf, und links wird der Kirchturm von Koppigen sichtbar. Der baumbestandenen Ösch entlang erreicht man bald den Parkrand der Gartenbauschule Oeschberg. Ein Besuch lohnt sich sehr.

Kurz geht es nun dem Wynigenbach entlang und dann hinauf zur Hofgruppe Tannwald. Schöner Blick zum langgezogenen Strassendorf Alchenstorf, das man anschliessend in Unter Alchenstorf quert. Im Aufstieg zum Grossholz prächtiger Blick über das Fraubrunnen-Amt zur Gantrischkette und zu den Alpen, aber auch die Sicht von den Höfen von Neuhus aus über das Wasseramt zum Jura ist unvergleichlich.

Durch die Senke bei Spiegelberg erreicht man den unteren Waldrand des Steinenbergs, der wegen seiner vielen erratischen Blöcke seinem Namen gerecht wird. Eine schöne Flankenwanderung beschliesst den Weg nach Riedtwil.

Hinfahrt: Mit Bahn nach Utzenstorf
Rückfahrt: Ab Riedtwil mit Bus
Weglänge: 14,9 km
Höhendifferenz: 210 m Aufstieg, 190 m Abstieg
Wanderzeit: 3 h 40 (Gegenrichtung: 3 h 40)

Gasthäuser am Weg

Landgasthof Bären
3427 Utzenstorf
Tel. 032 665 44 22

Restaurant Löwen
3424 Niederösch
Tel. 034 413 03 30

Restaurant Bahnhof
3475 Riedtwil
Tel. 062 968 11 44

Restaurant Bahnhof
3427 Utzenstorf
Tel. 032 665 38 38

Gasthof Engel
3475 Riedtwil
Tel. 062 968 18 64

Warum der Oberaargau nicht im Aargau liegt

Böse Zungen behaupten, für die Kantonsregierung reiche der Kanton Bern nur bis zur Wynigen-Brücke in Burgdorf. Was nördlich davon liege, werde meist vergessen. Sicher ist die bernische Region Oberaargau nicht leicht zu umschreiben. Sie bildet keine geschlossene Einheit. So bezeichnen sich die Einwohner von Wynigen gerne als Emmentaler, während das Fraubrunnen-Amt und gar Burgdorf oft dem Oberaargau zugeschrieben werden. Huttwil nennt sich selbst «Blumenstädt-chen im Emmental», weist aber durchaus oberaargauischen Charakter auf. Und das kam so: Der 861 erstmals erwähnte «Obere Aargau» (in superiori pago Aragauginse) reichte von Aarburg über Biglen und Münsingen bis nach Thun. 1628 wurden ihm die Ämter Aarburg, Bipp, Wangen, Aarwangen, Landshut, Burgdorf und die Vogteien Signau, Sumiswald und Trachselwald zugeschrieben. Die Wirren um 1798 (Untergang des Alten Bern) und der folgenden Zeit brachten regionale Verschiebungen (Verlust des Aargaus). Der grösste Teil des einstigen «Oberen Aargaus» blieb aber weiterhin bei Bern.

Huttwil – Zwanghubel – Dürrenroth – Häusernmoos – Weier i.E.

Prächtig gepflegten, mit Buchs gesäumten Bauerngärten begegnet man im Emmental und im Oberaargau vielerorts.

Höhenwanderung an den Tallehnen des Rotbachs. Die Route folgt zum grossen Teil dem Jakobs-Pilgerweg. Am Weg liegen prächtige Aussichtspunkte, stattliche Bauernhöfe und das Dorf Dürrenroth, das über einen historischen Ortskern von nationaler Bedeutung verfügt. Hartbelags-Abschnitte auch ausserhalb des Siedlungsgebiets.

Im Gegensatz zum historischen Verlauf des Jakobswegs, der bis Dürrenroth mehr oder weniger der heutigen Staatsstrasse folgte, wird Huttwil vom Bahnhof aus westwärts Richtung Fiechte verlassen. Durch die Senke des Rotbachs gelangt man an den Fuss des Fiechtebergs. Steil geht es erst durch die Hügelflanke aufwärts, dann in kurzweiligem Auf und Ab durch den Rothaulenwald zum Zwanghubel, von wo aus eine umfassende Sicht über das hügelige Vorgelände zum Napf und zu den Bergen der Innerschweiz entzückt. Auf bequemem Waldrandträsschen zu den stattlichen Höfen auf Chaltenegg. Vor dem Hof Müliweid wird talwärts abgezweigt. Steiler Abstieg nach Dürrenroth. Der Ortsname stammt vom Rotbach, der ursprünglich die «Dürre Roth» genannt wurde.

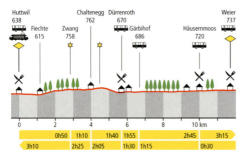

	Huttwil 638	Fiechte 615	Zwang 758	Chaltenegg 762	Dürrenroth 670	Gärbihof 686	Häusernmoos 720	Weier 737
	0h50		1h10		1h40	1h55	2h45	3h15
	3h10		2h25		2h05	1h30	1h15	0h30

Die Wanderroute führt vom früheren Bahnhof Dürrenroth aus um das Siedlungsgebiet herum. Ein kurzer Umweg zur Besichtigung des bemerkenswerten Dorfkerns lohnt sich. Das Dorf weist ein auffälliges Nebeneinander von bescheidenen Gewerbler- und Taunerhäuschen sowie herrschaftlichen Grossbauten auf. Besondere Beachtung verdient die Kirche (1486). Die Laurentiusglocke von 1392 gilt als eine der ältesten Glocken der Schweiz.

Durch den Rotwald gelangt man zum Weiler Häusermoos, von wo es durch den Schweikwald weiter geht ins Dörfchen Weier. Die Bus-Station befindet sich beim ehemaligen Bahnhof.

Hinfahrt: Mit Bahn nach Huttwil
Rückfahrt: Ab Affoltern-Weier mit Bus
Weglänge: 12 km
Höhendifferenz: 380 m Aufstieg, 280 m Abstieg
Wanderzeit: 3 h 15 (Gegenrichtung: 3 h 10)

Gasthäuser am Weg

Hotel Mohren 🍴
4950 Huttwil
Tel. 062 962 20 10

Hotel Ochsen 🍴
4950 Huttwil
Tel. 062 962 11 17

Hotel Bahnhof 🍴
4950 Huttwil
Tel. 041 62 962 21 09

Gasthof Löwen 🍴
Emmentaler Schaukäserei
3416 Affoltern i.E.
Tel. 034 435 12 01

Hotel Sonne 🍴
3416 Affoltern i.E.
Tel. 034 435 80 00

Auf, nach Santiago!

Nach der Legende wurden die Überreste des Apostels Jakob nach dessen Enthauptung über das Meer nach Galicien getragen. Die Reliquien wurden jedoch erst im 10. Jh. im Nordwesten Spaniens entdeckt. Seit dieser Zeit ist die Kathedrale von Santiago de Compostela Ziel Tausender von Pilgern. Die Beweggründe für eine Pilgerfahrt waren vielfältig: Flucht aus materieller Not, vor der Pest, vor Gläubigern oder vor Strafverfolgung und schliesslich als Sühne oder aus Dankbarkeit. Dabei benutzten die Wallfahrenden dieselben Wege wie Kaufleute, Händler, Boten, Soldaten und Handwerksgesellen. Im Gegensatz zu diesen hinterliessen die Jakobs-Pilger jedoch Spuren (Bildstöcke, Kapellen, Kirchen – aber auch Herbergen). Die heutige «Via Jacobi» ist Teil des touristischen Angebots von Wanderland Schweiz. Der Jakobsweg in der Schweiz übernimmt die Anschlüsse aus dem süddeutschen Raum und bündelt sie zu einem Strang, der sogenannten «Oberen Strasse», welche die Schweiz in Genf Richtung Südfrankreich verlässt. Als «Niedere Strasse» wurde das Wegbündel bezeichnet, das von Deutschland über Paris Richtung Santiago führte. Ein Ast der «Oberen Strasse» führte von Luzern herkommend über Huttwil–Dürrenroth–Häusernmoos nach Burgdorf und weiter nach Bern.

Huttwil – Walterswil – Oeschenbach – Oberbüelchnubel – Wynigen

Ausgiebige Wanderung durch die Hügelwelt des südlichen Oberaargaus. Typisch für diese Landschaft sind das sanft geneigte Ackerland, die bewaldeten Höhenrücken, die stattlichen Bauernhöfe, die heimeligen Weiler und Dörfer und schliesslich ein «Berg ohne Namen», sucht man doch auf den Landeskarten 1:50 000 wie 1:25 000 trotz vermerktem Triangulationspunkt (Pkt. 817,9) vergeblich nach einer Gipfelbezeichnung. Teilstücke auf Hartbelag, auch ausserorts.

Vom Bahnhof Huttwil hält man auf der Hauptstrasse talauswärts und folgt später dem Lauf der Langete bis zur Lochmüli. In weiten Schleifen überwindet ein Fahrweg die 90 m Höhendifferenz zum Hochplateau beim Hof Ober Glasbach. Schöner Blick auf das Städtchen Huttwil und ins Luzerner Hinterland.

Auf einem Pfad geht es bereits wieder steil hinunter in den Rohrbachgraben. Die Häusergruppe Wil bildet das Zentrum der Gemeinde, die aus vielen Einzelhöfen und Hofgruppen besteht. Den nächsten Hügelrücken quert man durch den Gratsattel bei Weid und hält dann fast ebenen Wegs südwärts. Erneut beglückt der wunderschöne Ausblick über das waldgekrönte Hügelland zum Jura.

Dem Waldrand entlang leitet ein Fahrweg hinunter nach Walterswil. Auch hier findet man nur ansatzweise ein geschlossenes Dorf. Die sogenannte obere Gemeinde zerfällt in Weiler und Einzelhöfe. Sehenswert ist aber die Kirche aus dem Jahre 1744. An dieser vorbei geht es hinauf auf die Egg, von wo aus bereits der nächste zu bewältigende Hügelzug überblickt werden

Der Oberbüelchnubel; seine charakteristische Pultdachform ist aus weiten Teilen des Berner Mittellandes auszumachen.

kann. Der Wegweiser im Bergwald bildet einen zentralen Kreuzungspunkt von Wanderrouten. Von Bleue aus, dem wichtigsten Weiler in der Gemeinde Oeschenbach, dringt man in die Landschaft der Wynigen-Berge ein. Die Hochflächen werden weiter, die Besiedlung dagegen ist eher noch karger. Über Zullige und die Färbergweid geht es hinunter in den schönen Bauernweiler

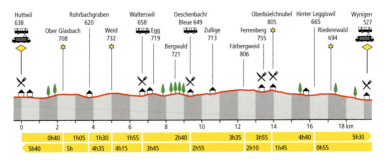

Ferrenberg am Fuss des Oberbüelchnubels. Die Rundsicht von dessen Höhe ist überwältigend. Weitgehend belagsfrei ist der Abstieg über Oberbüel–Hinter Leggiswil zum aussichtsreichen Waldrand des Riederewaldes. Ab Riedere geht es auf schmalem Weglein einer Sandsteinfluh entlang steil hinunter nach Wynigen. In der Kirche mit dem Volutengiebel-Turm wurde Albert Bitzius (Jeremias Gotthelf) im Jahre 1833 mit Henriette Zeender getraut.

Hinfahrt: Mit Bahn nach Huttwil
Rückfahrt: Ab Wynigen mit Bahn
Weglänge: 19,5 km
Höhendifferenz: 720 m Aufstieg, 840 m Abstieg
Wanderzeit: 5 h 30 (Gegenrichtung: 5 h 40)

Gasthäuser am Weg

Hotel Mohren 🛏
4950 Huttwil
Tel. 062 962 20 10

Hotel Bahnhof 🛏
4950 Huttwil
Tel. 041 62 962 21 09

Restaurant Linde
Unter Matten
4938 Rohrbachgraben
Tel. 062 965 28 05

Restaurant Löwen
4942 Walterswil
Tel. 062 964 15 82

Restaurant Sternen
4943 Oeschenbach
Tel. 062 965 25 32

Restaurant zum Wilden Mann
Ferrenberg,
3474 Rüedisbach
Tel. 034 415 11 61

Sommerwirtschaft Oberbühlknubel
Oberbüelchnubel
3474 Rüedisbach
Tel. 034 415 11 61

Restaurant Bahnhof
3472 Wynigen
Tel. 034 415 12 00

Gasthof Linde 🛏
3472 Wynigen
Tel. 034 415 12 80

Der schönste «Chnubel» weit und breit

Als «Chnubel» werden im Berndeutschen unter anderem Knollen, Geschwüre oder auch feste, grobe Burschen bezeichnet. Chnubel sind aber auch runde, mit Gras bewachsene Hügel. Als schönster Chnubel im Oberaargau gilt der Oberbüelchnubel. Der waldfreie Kegel mit der Sommerwirtschaft und dem anschliessenden pultdach-ähnlich abfallenden Wäldchen ist aus weiten Teilen des bernischen Mittellands leicht auszumachen. Der Rundblick von der Höhe ist fast total: Über der formenreichen Hügelwelt mit den eingestreuten Höfen erhebt sich das dunkle Napf-Lüderen-Massiv. Darüber leuchten die Berge vom Säntis bis zu den Freiburger Alpen. Und jurawärts schaut man über das Fraubrunnen-Amt, zur unteren Emme, ins Wasseramt und ins untere Aaretal.

Kleindietwil – Ursenbach – Bergwald – Mühleweg – Affoltern i.E.

Höhenwanderung aus dem Tal der Langete an den Ursenbach, auf der alten Poststrasse durch herrlichen Wald und über aussichtsreiche Hügelrücken ins Lueggebiet. Wer gerne den Vor- und Hochalpen entgegenwandert, wählt die vorgegebene Richtung. Wer dagegen die Weite und das sanfte Band des Jura liebt, bevorzugt die Gegenrichtung. Teilstücke auf Hartbelag.

Von der Station Kleindietwil aus quert man die Hauptstrasse Richtung Huttwil sowie die Langete und gelangt zur Hangkante, der man rund 300 m folgt. Nun geht es recht steil hinauf zu einem Wäldchen und danach zum weiten Schynesattel. Schöner Blick ins Tal mit dem gewundenen, von Bäumen gesäumten Langete-Lauf.

Ebenfalls recht steil senkt sich der Weg nach Ursenbach hinunter. Beim Gasthof Löwen (erbaut 1779) wurden seinerzeit die Pferde gewechselt, als Ursenbach noch Zwischenstation der Pferdepost war. Die spätgotische Kirche enthält wertvolle Wappen- und Figurenscheiben von 1515 bis 1523. Eine davon stellt den hl. Ursus dar, dem hier einst eine Kapelle geweiht war und von dem der Dorfname abgeleitet wird. Nun hält man südwärts. Am Dorfrand zweigt eine breite Teerstrasse, stark steigend, zum Gehöft Berg ab. Bei dieser Strasse handelt es sich um dieselbe Strecke, auf der einst die Postkutsche fuhr, die dem oft morastigen Talboden auswich. Die nun folgende, fast einstündige Wanderung auf Naturwegen durch den Bergwald wird einzig bei den schön gelegenen Höfen von Blutte kurz unterbrochen. An diese Häuser knüpft sich die Sage vom «Honigmicheli»: Dieser besorgte Fahrten zwischen Ursen-

Immer noch eine Augenweide ist die Berner Sonntagstracht.

bach und Waltrige bei Häusernmoos. Er soll seine Pferde öfter mit der Peitsche statt mit Hafer gefüttert haben. Keines stand diese Tortur lange durch. Zur Strafe für seine Schinderei habe er nach dem Tod keine Ruhe gefunden. Noch heute höre man ihn zuweilen um Mitternacht fluchen und mit der Peitsche knallen.

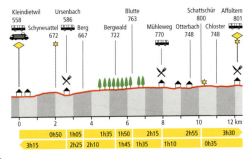

Hinfahrt: Mit Bahn nach Kleindietwil
Rückfahrt: Ab Affoltern i.E. mit Bus
Weglänge: 12,4 km
Höhendifferenz: 490 m Aufstieg, 250 m Abstieg
Wanderzeit: 3 h 30 (Gegenrichtung: 3 h 15)

Gasthäuser am Weg

Gasthof Löwen ⊨
4937 Ursenbach
Tel. 062 965 25 34

Restaurant Kreuz
4937 Ursenbach
Tel. 062 965 00 01

Gasthof Bären
3464 Schmidigen-Mühleweg
Tel. 034 435 12 47

Gasthof Löwen ⊨
Emmentaler Schaukäserei
3416 Affoltern i.E.
Tel. 034 435 12 01

Hotel Sonne ⊨
3416 Affoltern i.E.
Tel. 034 435 80 00

Nach dem Austritt aus dem Wald erfreut der prächtige Blick über die Höhen des Friesenberg-Gebiets zum Jura. Oberhalb der Häuser von Mühleweg geht es hinunter zur Landstrasse Ursenbach–Häusernmoos und durch die Mulde zu den an der Tallehne stehenden stattlichen Höfen von Schangeneich. Der Talflanke folgend zu den von prächtiger Hofstatt umgebenen Häusern von Otterbach, dann dem Waldrand entlang zum Hof Schattschür.

Prächtig ist die Sicht über die Schonegg hinweg ins grüne Hügelland des Emmentals. Am grossen Hof Chloster vorüber, dessen Name sich wohl von der einstigen Zugehörigkeit zum Kloster Rüegsau ableitet, gelangt man über Eggerdinge nach Affoltern i.E. Besonders gern besucht wird das stattliche Kirchdorf wegen der prächtigen Alpensicht und der Schaukäserei.

Von Poststrassen und Turmuhren

Wer sich heute auf Wanderungen begibt, verlässt sich gerne auf einen vorzüglich funktionierenden, komfortablen öffentlichen Verkehr. Wesentlich beschwerlicher waren Reisen in früheren Zeiten, auch wenn der damalige «öffentliche Verkehr» heute gerne nostalgisch verbrämt wird. Selbst Postfahrten waren nicht selten eine echte Tortur. Daran ändert auch die Tatsache nichts, dass ein Berner Unternehmen für das Funktionieren eines zuverlässigen Postverkehrs bürgte. Bis 1832 verpachtete der bernische Staat sein Postregal nämlich an ein Privat-Unternehmen. 1675 hatte Beat Fischer, der spätere Schlossherr von Reichenbach bei Bern, ein Post-Unternehmen gegründet. Die Fischersche Post wurde neben der Zürcher Kaufmannspost zum wichtigsten Postunternehmen der damaligen Eidgenossenschaft. Doch um den Strassenunterhalt schien es schlecht zu stehen: Als Affoltern 1742 eine Turmuhr erhalten sollte, waren die Strassen noch so holprig, dass man es vorzog, das schwere Werk von Bern nach Affoltern tragen zu lassen …

Madiswil – Bürgisweier – Hohwacht – Melchnau – Gondiswil

Prächtige Höhenwanderung aus dem «Linksmähder-Dorf» Madiswil durch die Hügelwelt zwischen Langete und Rot ins «Grenzdorf» Gondiswil. Besonders eindrücklich ist die Sicht vom Hohwachtturm aus, von wo an klaren Tagen die Alpenkette vom Säntis bis zur Berra und der Jura von der Lägern bis zum Noirmont zu überblicken sind. Auch die Hochebene nördlich von Gondiswil geizt nicht mit herrlichen Ausblicken in die Zentralschweizer Berge und ins Napfgebiet. Für historisch Interessierte birgt der Schlossberg bei Melchnau viele Geheimnisse. Ausserorts wenig Hartbelag.

Von der Station Madiswil am Gasthof Bären vorbei zum Kirchplatz. Interessante Hinweise zur Dorfgeschichte vermittelt der Kirchenspeicher aus dem 17. Jh.: Unter dem Dach hängt ein Wolfsnetz, und an der Rückwand des Speichers befindet sich eine Zehntkrätze. Am Friedhof vorbei waldwärts ins Zilacher-Quartier, von wo man eine prächtige Sicht auf die Grossmatt (die «Linksmähder-Wiese») und ins Tal der Langete geniesst.

Auf angenehmem Waldrand-Weg erreicht man das Bürgisweierbad mit Teich und Kinderspielplatz. Dem Weiher entlang zum noch gut erkennbaren Ringwall der einstigen Erdburg Grauenstein und durch den Wald zu den stattlichen Höfen von Ghürn. Steil geht es nun hinauf zum Aussichtsturm auf der Hohwacht. Der gut gesicherte, 21,5 m hohe Turm bietet wohl den umfassendsten Rundblick zwischen Jura und Napf. Die Panorama-Tafel nennt rund 150 Gipfel. Die Hohwacht war einst eine der Signalstationen, die es ermöglichten, das Gebiet des Alten Bern innerhalb von drei Stunden zu alarmieren.

Vom Aussichtsturm Hohwacht geniesst man wohl den schönsten Rundblick zwischen Napf und Jura.

Vom Aussichtsturm gelangt man zum Winterhalde-Wald, wo man nach links umschwenkt. Zunächst geht es ebenen Wegs dem Waldrand entlang, danach in mässig steilem Abstieg durch den Wald und schliesslich wieder dem Waldrand entlang. Beim Rastplatz Pauli wird rechts abgezweigt, und

| Madiswil 534 | Bürgisweier 606 | Ghürn 660 | Rastplatz Pauli 645 | Melchnau 539 | Babeliplatz 662 | Gondiswil 664 |

Zilacher 606
Hohwacht 780
Ruine Grünenberg 594

| 0 | 2 | 4 | 6 | 8 | 10 km |

| 0h20 | 0h35 | | 1h20 | 1h35 | | 2h05 | | 2h45 | | 3h30 |
| 3h25 | 3h10 | 2h55 | | 2h20 | 1h55 | | 1h20 | | 0h45 | |

in sanfterem Abstieg geht es dem Wald entlang nach Melchnau. Im Abstieg geniesst man einen schönen Blick über die Höhen des Luzernbiets.

Gleich hinter der Kirche im Oberdorf von Melchnau führt der von Arbeitslosen angelegte Treppenweg steil auf den Schlossberg hinauf. Ein Rundweg verbindet die beiden Burgruinen Grünenberg und Langenstein. Besondere Beachtung verdienen die Überreste der Burgkapelle mit dem kostbaren Boden aus ornamentierten St.-Urban-Backsteinen (13. Jh.). Während die Brüder von Langenstein als Gründer des Klosters St. Urban gelten, waren deren Erben, die Herren von Grünenberg, lange Zeit die reichsten Grundeigentümer im Oberaargau. 1452 fiel der Besitz des Geschlechts an Bern. Vom Ischerhubel weg führt der Weg südwärts zum Melchnauer Forsthaus am Babeliplatz und durch prächtigen Wald zur aussichtsreichen Höhe oberhalb Bifig. Über den Waldkämmen des Oberemmentals reihen sich die Berge der Innerschweiz bis zur Gantrischkette. Bald ist das landwirtschaftlich geprägte Dorf Gondiswil erreicht.

Hinfahrt: Mit Bahn nach Madiswil
Rückfahrt: Ab Gondiswil mit Bus
Weglänge: 12 km
Höhendifferenz: 540 m Aufstieg, 410 m Abstieg
Wanderzeit: 3 h 30 (Gegenrichtung: 3 h 25)

Gasthäuser am Weg

Landgasthof Bären
4934 Madiswil
Tel. 062 957 70 10

**Restaurant
Bürgisweyerbad**
Bürgisweier
4934 Madiswil
Tel. 062 965 26 31

Waldhaus Hochwacht
Hohwacht
4919 Reisiswil
Tel. 062 927 16 34 oder
062 927 21 05

Gasthof Löwen ⊨
4917 Melchnau
Tel. 062 917 50 60

Restaurant Linde
4917 Melchnau
Tel. 062 530 09 39

Gasthof Rössli ⊨
4955 Gondiswil
Tel. 062 962 00 19

Die Sage vom Linksmäher

Das Wappen der Gemeinde Madiswil zeigt einen Bauern, der die Sense auf ungewöhnliche Weise mit der linken Hand führt. Dahinter steht eine tragische Geschichte, die bis in die heutige Zeit überliefert worden ist. In die bildhübsche Tochter eines reichen Madiswilers verliebte sich der tüchtige Bauernbursche Ueli. Dieser sollte das Mädchen ehelichen dürfen, wenn es ihm gelänge, in einem Tag linker Hand ein Kreuz in die weitflächige Grossmatt zu mähen. Frohgemut machte sich Ueli ans Werk. Von der anstrengenden Arbeit durstig geworden, trank er aus einer von einem Nebenbuhler gereichten Flasche, deren Inhalt vergiftet war. Nach Genuss dieses Tranks erbleichte Ueli, und beim letzten Sensenstreich brach er tot zusammen. Als das Mädchen dies sah, sank es ebenfalls tot nieder.

Lotzwil – Langenthal – Kaltbrunnensteg – Kaltenherberg – Roggwil-Wynau

Unbeschwerliche Wanderung durch eine der wenigen noch einigermassen intakten Wässermatten-Landschaften der Schweiz. Unterwegs entzücken die kleinen Kanäle und Wasserabschläge, deren Ursprung bei den Zisterzienser-Mönchen des Klosters St. Urban zu suchen ist, sowie der schöne Heckenbestand. Eindrücklich sind aber auch die Renaturierungsmassnahmen im Zusammenhang mit der Linienführung der «Bahn 2000». Hartbelag einzig im Bereich der Siedlungen.

In den Wässermatten bei Langenthal.

Vom Bahnhof Lotzwil quer durch das Dorf bis an den Langete-Lauf halten. Abwechslungsweise folgt man diesem und den daraus abgeleiteten Bewässerungskanälchen mit Britschen,

Seitengräben und Wehren. Dieses Teilstück der Wässermatten ist besonders idyllisch. Auch der Blick durch die Hecken, welche die Wasserläufe säumen, zur Kirche von Langenthal und zum Jura ist äusserst reizvoll. Die Zusatztafeln «René-Bärtschi-Weg» verweisen auf den einstigen bernischen Regierungsrat, der sich um die Erhaltung der Wässermatten-Landschaft besonders verdient gemacht hat. Der Ortsdurchgang durch Langenthal ist zwar lückenlos signalisiert. Wenn man sich aber stets am Lauf der Langete orientiert, ist der Anschlusspunkt in den Rankmatten direkter zu erreichen.

Im Ortszentrum staunt man ob den mächtig überhöhten Trottoirs, die einst die überquellenden Hochwassermassen zu kanalisieren hatten. Heute werden die Wassermassen bei Hochwassergefahr unterhalb Madiswil abgefangen und durch einen Stollen nach Bannwil und dort in die Aare geleitet. Ein hübsch angelegter Spazierweg folgt nun wieder unmittelbar dem Langete-Ufer zum Kaltbrunnensteg. Hier wechselt man ans andere Ufer und quert auf etwas erhöhtem Forstweg den Brüelwald.

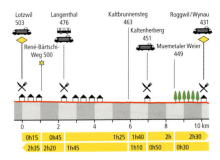

Hinfahrt: Mit Bahn nach Lotzwil
Rückfahrt: Ab Roggwil-Wynau mit Bahn
Weglänge: 10,4 km
Höhendifferenz: 60 m Aufstieg, 130 m Abstieg
Wanderzeit: 2 h 30 (Gegenrichtung: 2 h 35)

Kurz vor dem Weiler Kaltenherberg – das Gebiet heisst so nach einer Gaststätte mit altem Tavernenrecht – schwenkt man nach links und überquert die Stammlinie sowie die Schnellbahnstrecke der SBB Richtung Mumenthal. Jenseits der Bahntrassen wählt man den ersten rechts abgehenden Feldweg am Weg, der zum einstigen Muemetaler Weier führt. Von diesem zeugt nur noch eine Feuchtgebiet-Senke. Lauschig ist der Weg längs des einstigen Weiher-Auslaufs zur Station Roggwil-Wynau.

Gasthäuser am Weg

Pizzeria Bahnhof
4932 Lotzwil
Tel. 062 922 10 04

Restaurant Bären
4932 Lotzwil
Tel. 062 922 10 77

Hotel Bären
4900 Langenthal
Tel. 062 919 17 17

**Restaurant zur
alten Post**
4900 Langenthal
Tel. 062 923 43 43

**Restaurant
Kaltenherberge**
Kaltenherberg,
4914 Roggwil
Tel. 062 918 80 90

Gasthaus Tafelei
Brunnmatt,
4914 Roggwil
Tel. 062 929 07 57

Naturschutz und Technik im Einklang

Die Oberaargauer Wässermatten gelten als «Landschaft von nationaler Bedeutung». Sie liegen an den Flüsschen Önz, Langete und Rot. Diese Reste einer einst verbreiteten Kulturform der Wiesenbewässerung und Düngung stehen heute unter Schutz. Schon im 13. Jh. war durch die Mönche des Klosters St. Urban ein weitverzweigtes System aus Kanälen und Dämmen geschaffen worden, das es erlaubte, mit Schleusen, Wasserauslässen und Wehren grössere Flächen zu wässern und zugleich zu düngen. Überbauung und Kultivierung des Bodens gefährdeten im Laufe der Jahrhunderte die Wässermatten immer stärker. Erfreulich ist darum, dass im Zusammenhang mit der Verlegung der SBB-Bahnstammlinie in den Brunnmatten, nördlich Kaltenherberg (Bahn 2000), zusätzlicher Raum für eine weitere Renaturierung geschaffen werden konnte.

Langenthal – St. Urban – Murgenthal

Bauhistorisch und landschaftlich interessante Wanderung im untersten Zipfel des Oberaargaus. Am Weg liegt die in strahlendem Weiss gehaltene Klosterkirche von St. Urban, eine der herausragendsten sakralen Barockbauten der Schweiz. Die landschaftlichen Eindrücke entlang der Route werden geprägt von den Wässermatten am Lauf der Langete und der unvergleichlichen Kanal-Landschaft zwischen Murg und Aare. Wenig Hartbelag ausserorts, abgesehen von einem längeren Abschnitt im Raum Walliswil.

Das ehemalige Zisterzienserkloster St. Urban ist eine der bedeutendsten barocken Klosteranlagen der Schweiz.

Vom Bahnhof Langenthal erst einige Schritte stadtwärts, dann Richtung Regionalspital halten. In den Rankmatten beginnt der schön angelegte Spazierweg dem teilweise renaturierten Lauf der Langete entlang. Hier sind noch Restbestände einstiger Wässermatten anzutreffen, deren Ursprung auf die Arbeit der Zisterziensermönche von St. Urban zurückgeht. Über den Kaltbrunnensteg gewinnt man das andere Langete-Ufer. Im Gebiet «Im Weier» ist auch der Damm noch ersichtlich, welcher einst den klösterlichen Karpfenteich abgrenzte.

Der folgende prächtige Waldrand-Weg entspricht der alten St. Urban-Strasse. Kurz nach dem Wegweiserstandort im Moos geniesst man eine prächtige Sicht zur eindrücklichen einstigen Kloster-Anlage von St. Urban mit der stolzen Doppelturmkirche. Die Rot bildet hier zugleich die Kantonsgrenze zu Luzern, doch genügen bloss einige Schritte an den einstigen Klostergebäuden vorbei, und schon wandert man auf Aargauer Boden. Nach kurzer Steigung auf der Hauptstrasse senkt sich ein Forstweg zur Sagi, dann führt ein Strässchen durch den Weiler Walliswil zum Murg-Wehr. Donnernd fallen hier die zur Murg vereinigten Wasser der Langete und der Rot in die tief in die Molasse eingefressenen Bachgraben. Besonders idyllisch ist die Wanderung zwischen diesem und dem stillen Rot-Kanal. Nach Unterquerung der Bahnlinie erreicht man das Siedlungsgebiet von Murgenthal und gelangt dort der Hauptstrasse entlang zum Bahnhof.

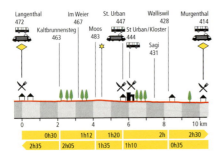

Langenthal 472		Im Weier 467	St. Urban 447		Walliswil 428	Murgenthal 414
	Kaltbrunnensteg 463	Moos 483	St Urban/Kloster 444			
				Sagi 431		

0	2	4	6	8	10 km

0h30	1h12	1h20		2h	2h30
2h35	2h05	1h35	1h10	0h35	

Hinfahrt: Mit Bahn nach Langenthal
Rückfahrt: Ab Murgenthal mit Bahn
Weglänge: 10,5 km
Höhendifferenz: 100 m Aufstieg, 150 m Abstieg
Wanderzeit: 2 h 30 (Gegenrichtung: 2 h 35)

Gasthäuser am Weg

Hotel da Luca am Bahnhof 🛏
4900 Langenthal
Tel. 062 919 72 00

Restaurant Rössli
Bei der Station St. Urban
4914 Roggwil
Tel. 062 929 11 10

Klostergasthaus Löwen
4915 St. Urban
Tel. 062 929 22 30

Restaurant Bistro
4853 Murgenthal
Tel. 062 926 05 42

Restaurant Murgli
4853 Murgenthal
Tel. 062 926 25 55

Architektonische Kostbarkeit

Die Mönche des Zisterzienserklosters St. Urban kamen aus Citeaux im Burgund. Sie prägten die Wirtschaft wie das Landschaftsbild des nördlichen Berner Mittellands. Besondere Zeugnisse ihrer Tätigkeit waren die nahe Ziegelbauhütte (heute Ziegelei), die kunstvoll verzierten Relief-Ziegelsteine (sogenannte St. Urban-Backsteine; heute noch zu sehen in den Kirchen Bleienbach, Thunstetten und Wynau und in der Burgruine Grünenberg bei Melchnau) und die Wässermatten im Langete- und Rottal. Für den Gesamt-Umbau der Klosterkirche (1711–17) wurde der Vorarlberger Architekt Franz Beer (1660–1726) verpflichtet, der eine der hervorragendsten Barockkirchen der Schweiz schuf. Besonders sehenswert: Chorgestühl (1701–07), Barockorgel (1716–21), Hochaltar (1662/1715), Chorgitter (um 1715) und die Rokoko-Kanzel. Ferner Bibliothek und Festsaal im Konventsgebäude (letztere nur während Führungen zu besichtigen).

Langenthal – Obersand – Hohwacht – Schmidwald – Huttwil

Schöne Wald- und Höhenwanderung durch die Hügelwelt östlich des Tals der Langete. Unterwegs verschiedene prächtige Aussichtspunkte, darunter auch die Hohwacht mit ihrer «150-Gipfel-Sicht». Diese Route erinnert an die Wanderweg-Pionierzeit, während der das Berner Wanderwegenetz aufgebaut worden ist, zählt sie doch zu den damaligen sogenannten Musterrouten. Zu Beginn und am Schluss der Wanderung längere Teilstücke auf Hartbelag.

Vom Bahnhof Langenthal am Stadttheater vorüber ins Zentrum der «Metropole des Oberaargaus». Gerne berücksichtigen Statistiker bei Vergleichen die Werte dieses Ortes, scheinen diese doch recht nahe an den schweizerischen Schnittwerten zu liegen. Langenthal hat aber auch Einmaliges zu bieten. Dazu zählen etwa die hohen Trottoirs im Stadtzentrum, die früher bei Langete-Hochwassern die überschüssigen Fluten Richtung Hardwald kanalisierten.

An der reformierten Kirche vorüber geht es durch das stille Aussenquartier Allme an den südlichen Ortsrand und durch den Hambüelwald (ham = hoch) zum Rappechopf. Durch einen Hohlweg erreicht man den Waldrand, wo sich unvermittelt ein herrlicher Ausblick zu den luzernischen Höhen und zum Aargauer Jura bietet.

Nun geht es erst über schönes Ackerland, dann durch eine Sandsteinhohle hinunter an die Strasse Madiswil – Melchnau, die man zwischen den Höfen von Rüppiswil und dem Erdwerk Grauenstein kreuzt. Auf einem Graspfad steil aufwärts in den Wald, dann auf einem Feldweg in den Weiler Ghürn mit seinen breitdachigen Bauernhöfen. Der hier beginnende knapp halbstündige Auf-

Langenthal hat sich schon früh zum Handels- und Industrieort entwickelt. Das «Choufhüsi» im Stadtzentrum zeugt davon, obwohl es längst neuen Zwecken dient.

stieg zur Hohwacht ist recht steil. Auf der höchsten Erhebung zwischen Rot und Langete steht der 21,5 m hohe Hohwacht-Turm, der wohl den umfassendsten Rundblick zwischen Napf und Jura gewährt. Der Jura ist vom Noirmont bis zu

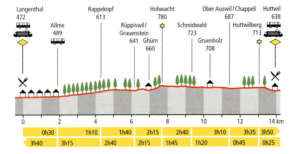

Langenthal 472		Rappekopf 613		Hohwacht 780		Ober Auswil / Chappeli 687	Huttwil 638
	Allme 489		Rüppiswil / Grauenstein 641		Schmidwald 723		Huttwilberg 713
				Ghürn 660		Gruenholz 708	

0		2		4		6		8		10		12		14 km

0h30	1h10	1h40	2h15	2h40	3h10	3h35	3h50
3h40	3h15	2h40	2h15	1h45	1h20	0h45	0h25

Hinfahrt: Mit Bahn nach Langenthal
Rückfahrt: Ab Huttwil mit Bahn
Weglänge: 14,2 km
Höhendifferenz: 460 m Aufstieg, 300 m Abstieg
Wanderzeit: 3 h 50 (Gegenrichtung: 3 h 40)

den Lägern zu überblicken, und das Alpenpanorama nennt gar 150 Gipfel vom Säntis bis zu den Freiburger Bergen. Prächtige Ausblicke zu den Alpen geniesst man auch während der folgenden Höhenwanderung.

Im Schmidwald soll es laut Sage einst eine Stadt mit sieben Schmieden gegeben haben, die einem Brand zum Opfer gefallen sei. Ab Gruenholz führt die Wanderung leider mehrheitlich über Asphalt-Strässchen. Dies ist umso bedauerlicher, als die Strecke über Ober Auswil/Chappeli echten Panorama-Genuss verheisst. Auf dem Huttwilberg lohnt sich der Abstecher zum Soldatendenkmal, bevor es steil hinunter ins hübsche Städtchen Huttwil geht (Zeitbedarf für die Zusatz-Schlaufe: 15 min).

Gasthäuser am Weg

Hotel da Luca am Bahnhof 🛏
4900 Langenthal
Tel. 062 919 72 00

Hotel Bären
4900 Langenthal
Tel. 062 919 17 17

Waldhaus Hochwacht
Hohwacht, 4919 Reisiswil
Tel. 062 927 16 34 oder
062 927 21 05

Restaurant Rössli
4944 Auswil
Tel. 062 965 28 04

Hotel Mohren 🛏
4950 Huttwil
Tel. 062 962 20 10

Hotel Bahnhof 🛏
4950 Huttwil
Tel. 062 962 21 09

Musterrouten

Kurz nach Ende des Zweiten Weltkrieges erschien im Frühjahr 1945 das erste Berner Wanderbuch, in dem 35 halb- und ganztägige Wanderungen im Gebiet des damals noch weitflächigeren Kantons (inkl. Kanton Jura und Laufental) beschrieben waren. Diese «Musterrouten» waren erstmals nach einheitlichem Signalisationssystem gelb gekennzeichnet. Sie sollten für die künftige Planung und Signalisation von Wanderwegen wegweisend sein. Folgende drei Routen aus dem Oberaargau sind bereits im ersten Wanderbuch der Berner Wanderwege aufgeführt: Herzogenbuchsee–Bollodingen–Wäckeschwend–Affoltern i.E., Langenthal–Rütschelen–Lünschberg–Affoltern i.E. und Langenthal–Hohwacht–Schmidwald–Huttwil. Im Laufe der Jahre entstand zusammen mit den Musterrouten ein Wanderwegnetz von über 10'000 km Länge.

Langenthal Süd – Linden – Ryschberg – Färbergweid – Affoltern i.E

Genussreiche Höhenwanderung aus dem wirtschaftlichen und kulturellen Zentrum des Amtsbezirks Aarwangen in den landwirtschaftlich geprägten Höhenort mit der einzigartigen Sicht in die Alpen. Unterwegs zahlreiche Aussichtspunkte und stolze Bauernsitze. Im zweiten Teil längere Teilstücke auf Hartbelag.

Blick über die Häusergruppe Ochlenberg / Willershüsere zu den sanft abgrenzenden Jurahöhen und zur Oensinger Klus.

Von der Station Langenthal Süd an den südlichen Ortsrand im Dennli. Durch Wald und über offene Ackerflächen erreicht man über Chleiholz, Berg

und Rütschelen den Aussichtspunkt Spiegelberg. Spiegelberg leitet sich ab von «specula» – Anhöhe zum Spähen. Prächtiger Ausblick Richtung Jura. In zwei Steilstufen geht es, zum Teil durch Hohlwege, hinauf zum Rastplatz mit Feuerstelle auf dem Dornegggütsch.

Schöner Blick ins weite Langete-Tal zu den Dörfern Kleindietwil und Rohrbach. Dahinter dehnen sich die Waldkämme bis zu den Napfhöhen, und bei klarer Sicht säumen die Berge von der Jungfrau bis zu den Glarner Alpen den Horizont. Wenige Schritte weiter sieht man über Herzogenbuchsee und das Wasseramt hinweg zum Weissenstein. Südlich über den Höhen von Linden gleicht der weitere Weg einer Panorama-Wanderung. Doch nicht allein die einzigartige Fernsicht vermag zu entzücken. Auch die Prachtshöfe von Ryschberg und Lünschberg, die zu den stattlichsten im Oberaargau gehören, sind sehenswert. Vom Eggstutzwald weg sind leider längere asphaltierte Strecken zu begehen. Die herrliche Aussicht vermag diesen Nachteil aber (beinahe) aufzuwiegen. Über Chleiweidli – Färbergweid – Friesenberg – Otterbachegg und Eggerdinge erreicht man das in herrlicher Aussichtslage gelegene Affoltern.

Hinfahrt: Mit Bahn nach Langenthal Süd
Rückfahrt: Ab Affoltern i.E. mit Bus
Weglänge: 20,8 km
Höhendifferenz: 710 m Aufstieg, 390 m Abstieg
Wanderzeit: 5 h 35 (Gegenrichtung: 5 h 15)

Gasthäuser am Weg

Gasthof Neuhüsli
4900 Langenthal
Tel. 062 922 48 03

Gasthof Löwen
4933 Rütschelen
Tel. 062 922 34 85

Gasthof Löwen ⊨⊣
Emmentaler Schaukäserei
3416 Affoltern i.E.
Tel. 034 435 12 01

Hotel Sonne ⊨⊣
3416 Affoltern i.E.
Tel. 034 435 80 00

Langenthal

861 erscheint urkundlich erstmals der Name «marca Langatun». Vom 11. Jh. an wird die Siedlung im Zusammenhang mit dem Kloster St. Urban erwähnt, das fortan während sechs Jahrhunderten die wirtschaftliche und kulturelle Entwicklung der Gegend prägt. 1480 erhielt Langenthal das Marktrecht, 1793 gar das Stadtrecht (ohne Gericht). Der unter dem Ancien Régime blühende Korn-, Käse- und Tuchhandel erlebte mit dem Anschluss an die Centralbahn 1857 (Aarburg–Langenthal–Herzogenbuchsee) einen kräftigen wirtschaftlichen Impuls. Dank der Textil-, Maschinen- und Porzellanindustrie begünstigte dies eine fruchtbare Wechselwirkung zur ländlichen Umgebung. Heute weist Langenthal neben vielen Kleinbetrieben auch Unternehmen mit internationaler Bedeutung auf. Als Designer- und Schulstadt geniesst es ebenfalls einen vorzüglichen Ruf. Ein Wahrzeichen Langenthals – das durch die Ortschaft fliessende Hochwasser der Langete – gehört dagegen seit 1990 praktisch der Vergangenheit an.

Langenthal Süd – Bleienbach – Stouffebach – Mutzbachfall – Riedtwil

Abwechslungsreiche Wanderung durch die Buchsiberge zu landschaftlichen und kulturellen Besonderheiten: Da sind die geschützten Tümpel Sängeliweiher und Torfsee, das Amiet-Gemälde im Neuhus, die stolzen Bauernhöfe in Willershüsere, die Nähe des einstigen Maler-Ateliers von Cuno Amiet und schliesslich der Mutzbachfall, ein landschaftliches Kleinod im Oberaargau. Auch ausserorts Teilstücke auf Hartbelag.

Im stillen, waldumschlossenen Mutzgraben rauscht der Mutzbachfall, ein wenig bekanntes landschaftliches Kleinod des Oberaargaus.

Von der Bahnschranke bei der Station Langenthal Süd dem Moosbach und dem Waldrand entlang auf schönem Spazierweg zum Sängeliweiher, ei-

Hinweise zu Route 40a Seite 110

nem einstigen Lehm-Abbaugebiet. Das künstlich angelegte Biotop mit den schönen Schilfbeständen und der reichen Vogelwelt steht heute unter Naturschutz. Dasselbe trifft auch für den nahe gelegenen Torfsee zu, der durch die Torfausbeute bis zum Zweiten Weltkrieg entstanden ist.

Nun auf schmalem Fusspfad durch den Sängeliwald, dann quer über die weite Allmend nach Bleienbach. Die 1733 erbaute Kirche weist kunstvoll verzierte Backsteine aus der Klosterbrennerei St. Urban auf. Am Gotteshaus vorüber geht es leicht bergan nach Oberbützberg. Durch eine Geländemulde führt der Weg hinüber nach Dornegg. Die Landstrasse queren und, die Richtung beibehaltend, in ein Bachtälchen hinunter. Am Gegenhang zum Hof Neuhus (zwei Minuten ostwärts steht das turmgekrönte Schulhaus mit einem Wandbild von Cuno Amiet, die Obsternte darstellend).

An den schmucken Höfen von Willershüsere vorüber geht es steil hinunter nach Stouffebach, dem Zentrum der ausgedehnten Gemeinde Ochlenberg. An schönen Höfen vorbei steigt man nun recht stark zur Wanntalhöchi an. Prächtiger Blick vom Waldrand über Oschwand, den Wirkungsort des Malers Cuno Amiet (1868–1961), zur weichen Linie des Jura. Beim Abstieg am Gehöft Baschiloch vorüber in den Mutzgrabe ist Vorsicht geboten, droht doch der Weg in der steilen Waldflanke immer wieder abzurutschen. Etwas vom Schönsten ist die kaum beeinträchtigte Landschaft im Mutzgrabe mit dem sich langsam in den Sandstein einkerbenden Bach, dem stiebenden, rund 14 m hohen Mutzbachfall und dem mäandrierenden Wasser im stillen Waldtal. An der dem Zerfall nahen alten Mühle vorbei erreicht man Riedtwil.

Hinfahrt: Mit Bahn nach Langenthal Süd
Rückfahrt: Ab Riedtwil mit Bus
Weglänge: 16,2 km
Höhendifferenz: 470 m Aufstieg, 460 m Abstieg
Wanderzeit: 4 h 25 (Gegenrichtung: 4 h 20)

Gasthäuser am Weg

Gasthof Neuhüsli
4900 Langenthal
Tel. 062 922 48 03

Gasthof Kreuz
3368 Bleienbach
Tel. 062 922 23 04

Restaurant Frohburg
Oberdorf,
3368 Bleienbach
Tel. 062 922 23 18

Restaurant Bären
Stouffebach,
3367 Ochlenberg
Tel. 062 961 71 40

Gasthof Engel
3475 Riedtwil
Tel. 062 968 18 64

Restaurant Bahnhof
3475 Riedtwil
Tel. 062 968 11 44

**Der älteste Bewohner Langenthals
– ein Tapir?**

Die Gegend um Langenthal hat's in sich. Wo immer gebaut wird, stösst man auf Zeugen vergangener Zeiten. Geradezu sensationelle Funde gab die Wischberggrube im Wald zwischen Langenthal Süd und dem Sängeliweiher preis. Hier war früher Lehm für die Ziegelei Langenthal abgebaut worden. Später diente die Grube als Kehrichtdeponie. Vor rund 30 Mio. Jahren gehörte die Gegend zur subtropischen Zone, da der Äquator damals wesentlich nördlicher verlief als heute. Pollenanalytische Untersuchungen und versteinerte Blätter lassen auf Palmen, Mimosen, Feigen-, Mammut-, Brotfrucht- und Zimtbäume schliessen. Sie boten auch Dickhäutern wie Nashorn und Tapir eine ausreichende Ernährung. In der Wischberggrube konnten die Überreste von 19 subtropischen Säugetierarten ermittelt werden. Die Funde sind im Heimatmuseum Langenthal verwahrt.

Herzogenbuchsee – Bollodingen – Wanntalhöchi – Rüedisbach – Wynigen

Beschauliche Wanderung durch die liebliche Hügelwelt der Buchsi- und der Wynigenberge. Sind es die sanften Höhen, die lichten Wälder, die ertragreichen Ackerflächen und die Weite der Landschaft, welche Maler wie Cuno Amiet und Dichter wie Walter Flückiger und Maria Waser in ihrer Arbeit beflügelten? Die Schriftstellerin aus Herzogenbuchsee nannte ihre Heimat liebevoll «Land unter Sternen». Wer diese Gegend durchstreift, erliegt selber dem Liebreiz dieses Landstrichs. Ausserhalb der Siedlungen wenig Hartbelag.

Vom Bahnhof Herzogenbuchsee ostwärts. Ein Abstecher ins Dorfzentrum lohnt sich sehr (sehenswert: Kornhaus, «Kreuz» und Kirche). Bereits nach 500 m hält man südwärts zum nahen Löliwald. Das bei Flurnamen im Oberaargau stark verbreitete «Loh» oder «Löli» bedeutet Hain oder lichter Wald.

Schön ist der Blick vom Waldrand aus auf die von Önz und Altache durchflossenen weiten Matten. Mitten drin liegt das Dorf Bollodingen. Auf dem kleinen Dorfplatz erinnert ein Denkmal an die Zeit der Polen-Internierung (2. Weltkrieg). Die Önz querend an den Fuss des Humberg und auf teilweise mit Stufen versehenem Hohlweg steil durch den Wald aufwärts. Auf der Berghöhe in leichtem Ab und Auf zu den Höfen von Spych, dem einstigen Wohnort des heimatverbundenen Dichters Walter Flückiger.

Etwas oberhalb des Weilers sieht man zum türmchengekrönten Schulhaus von Oschwand, hinter dem sich das einstige Atelier von Cuno Amiet befindet. An den Höfen von Schnerzebach und Schnerzebachweid vorüber erreicht man die Wanntalhöchi und damit den höchsten Punkt

Wandern zu jeder Jahreszeit, empfiehlt eine weise Losung. Der Oberaargau macht's möglich und zeigt sich dazu faszinierend vielseitig: Kirschen- und Apfelblüten (Bild) im Frühjahr, reifende Ähren im Sommer, bunt leuchtende Blätter im Herbst und Raureif an den Zweigen im Winter beglücken die Wandernden.

| Herzogenbuchsee 464 | Bollodingen 476 | Humberg 580 | Spych 605 | Schnerzebach 611 | Wanntalhöchi 708 | Baschiloch 615 | Mutzgrabe 568 | Rüedisbach 641 | Hinter Legiswil 665 | Riederewald 694 | Wynigen 527 |

	0h45		1h45	2h	2h30		3h	3h30	3h45		4h30
4h25		3h45		2h50	2h40	2h15		1h35	1h10		0h45

0   2   4   6   8   10   12   14   16 km

Hinweise zu Route 41a Seite 111

Hinfahrt: Mit Bahn nach Herzogenbuchsee
Rückfahrt: Ab Wynigen mit Bahn
Weglänge: 16,1 km
Höhendifferenz: 570 m Aufstieg, 510 m Abstieg
Wanderzeit: 4 h 30 (Gegenrichtung: 4 h 25)

dieser Wanderung. Herrlicher Ausblick über Oschwand zu den Jurahöhen.

Vorsicht ist beim Abstieg vom Baschiloch in den Mutzgrabe geboten, droht der Weg doch in der steilen Waldflanke immer wieder wegzurutschen. Einzigartig ist dagegen dieses abgeschiedene Waldtal mit dem über Sandsteinplatten sprudelnden Wasser. Steil geht es auf einem Treppenweg vom Bach weg und in weitem Bogen zum behäbigen Bauernweiler Rüedisbach.

Bis Hinter Leggiswil folgt man dem Strässchen. Die Aussicht vom Riederewald aus ins Wasseramt und über die bewaldeten Höhen des Emmentals ist unbeschreiblich schön. Dann gehts – zuweilen auf einem in die Sandsteinfluh eingehauenen Weglein – rasch hinunter nach Wynigen.

Gasthäuser am Weg

Hotel Restaurant Bahnhof
3360 Herzogenbuchsee
Tel. 062 961 82 82

Pizzeria Arcobaleno
3360 Herzogenbuchsee
Tel. 062 961 52 21

Gasthof Sonne
3366 Bollodingen
Tel. 062 961 02 42

Restaurant Löwen
3366 Bollodingen
Tel. 062 961 12 87

Restaurant Bahnhof
3472 Wynigen
Tel. 034 415 12 00

Gasthof Linde ⊨
3472 Wynigen
Tel. 034 415 12 80

Alte bernische Gemeinschaftspflege

Immer seltener werden die gänzlich erhaltenen Zeugen der bernischen Bauernhof-Einheit, die aus Hof, Stöckli und Speicher bestand. Dabei böte gerade diese Raum-Anordnung die ideale Voraussetzung für das generationenübergreifende Zusammenleben. Wenn das Gut dem jüngsten Sohn oder dem Schwiegersohn übergeben wurde, wie es das – bis ins 20 Jh. hinein noch geltende – bernische Minorat vorsah, zogen die alternden Bauersleute ins Stöckli. So wurde den neuen Besitzern eigenes Handeln nicht verwehrt, und dennoch durften die «Alten» Einblick nehmen ins tägliche Geschehen rund um den Hof. Oft flossen auch Ideen aus ihrer reichen Erfahrung ins Tun der Jungen ein. Vielleicht wäre es nützlich, wenn diese alte Form der Fürsorge für ältere Menschen heute wieder Nachahmer fände.

Herzogenbuchsee–Stadönz–Berkenbrücke–Längwald–Niederbipp

Zwei Gewässer und zwei Wälder prägen diese Wanderung aus dem grössten Ort des Amtsbezirks Wangen zum Jura-Südfuss: Die von Hecken gesäumte, wilde Önz mündet bei Stadönz in die breite, träge dahinfliessende Aare. Auch der vom Schnellbahnstrang (Bahn 2000) zerschnittene Unterwald kontrastiert stark zum dichten Baumbestand des Längwaldes. Alles in allem eine Wanderung voller Überraschungen. Teilstücke auf Hartbelag, auch ausserorts.

Vom Bahnhof Herzogenbuchsee dem Bahnkörper entlang nordwärts und über eine Treppe in die Strassenunterführung (Vorsicht: reger Verkehr!). Auf Quartierstrassen zum Rand des Unterwaldes. Diesen erreicht man bei der Schneise, die durch den Bau der Bahn 2000 entstanden ist. Erst dem Waldrand entlang, dann eine Waldzunge querend, senkt sich der Weg zur Strasse, die über die Önz nach Heimenhausen führt.

Kurz vor den ersten Häusern des Dorfes zieht sich ein Strässchen, später ein Fahrweg, durch das stille Önztäli aarewärts. Die ruhige, kaum beeinträchtigte Landschaft mit dem munter zwischen Baumbeständen dahinplätschernden Bach verrät nichts von den bewegten Zeiten, als sich die Gemeinde Graben gegen den Bau eines Kernkraftwerks zur Wehr setzte.

Durch die Waldflanke steigt man zu den in prächtiger Aussichtslage stehenden Höfen von Hubel auf. Unversehens hat man die von der Klus zerschnittene, weiche Linie des Jura vor sich. Davor die schöne Flusslandschaft der Aare. Steil geht es nun hinunter zur Mündung der Önz in die Aare bei Stadönz. Vor dem gegenüber liegenden Aareufer erkennt man die anlässlich des Kraftwerk-

«Es ist wohl nicht bald ein Spiel, welches Kraft und Gelenkigkeit, Hand, Aug und Fuss so sehr in Anspruch nimmt, als das Hurnussen», schreibt Jeremias Gotthelf. Unterdessen hat sich das Hornussen jedoch zum weit verbreiteten Sport gemausert.

neubaus von Bannwil künstlich erhöhte Insel «Vogelraupfi», die vielen Wasservögeln als Brut- und Raststätte dient.

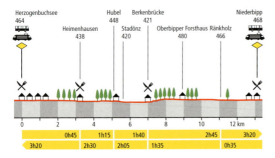

| Herzogenbuchsee 464 | | Heimenhausen 438 | | Hubel 448 | Stadönz 420 | Berkenbrücke 421 | | Oberbipper Forsthaus 480 | Ränkholz 466 | | Niederbipp 468 |

| | 0h45 | 1h15 | 1h40 | | 2h45 | 3h20 |
| 3h20 | | 2h30 | 2h05 | 1h35 | | 0h35 |

Auf dem durch ein kurzes Strassenstück unterbrochenen Uferweg hält man flussaufwärts zur Berkenbrücke, wechselt ans andere Aare-Ufer und steigt über einen mit Stufen beginnenden Fussweg in den Längwald auf. Dieser bedeckt den sanftwelligen Hügelzug von Wangen bis Schwarzhäusern über eine Länge von 8 km. Lange Zeit wurde er kaum genutzt, da geeignete Transportwege zur Ländte in Aarwangen fehlten. Der Eisenbahnbau mit seinem grossen Bedarf an Eichenschwellen brachte die Wende. Das Oberbipper Forsthaus bietet sich als Rastort an.

Kurz darauf quert man den einstigen Kirchweg Walliswil–Niederbipp (heute Autostrasse) und hat plötzlich den Jurawall mit dem Höllchöpfli vor sich, dem höchsten Punkt im Oberaargau. Im Ränkholz quert man die Autobahn. Voraus liegen die Siedlungen des Bipperamtes mit den Kirchen von Ober- und Niederbipp, dem Schloss Bipp und den Gebäuden des Oberaargauischen Pflegeheims Dettenbühl. Durch das Dorf Niederbipp gelangt man zum Bahnhof, dem Zielpunkt.

Hinfahrt: Mit Bahn nach Herzogenbuchsee
Rückfahrt: Ab Niederbipp mit Bahn
Weglänge: 13,3 km
Höhendifferenz: 170 m Aufstieg, 170 m Abstieg
Wanderzeit: 3 h 20 (Gegenrichtung: 3 h 20)

Gasthäuser am Weg

Hotel Restaurant Bahnhof
3360 Herzogenbuchsee
Tel. 062 961 82 82

Restaurant Drei Tannen
3373 Heimenhausen
Tel. 062 961 11 75

Restaurant Löwen
3376 Berken
Tel. 062 963 17 44

Gasthof Brauerei
4704 Niederbipp
Tel. 032 633 10 33

Herzogenbuchsee

Herzogenbuchsee wird 886 erstmals als «puhsa» erwähnt. 1271 taucht der Name «Buxe» auf. Er soll auf den Buchs hinweisen, der von den Römern ins Land eingeführt wurde. Den Namen Herzogenbuchsee wählte man zur Unterscheidung von Münchenbuchsee, das mönchischer Besitz war. Dominiert wird der Ortskern von der erhöht stehenden Kirche, die im Mittelalter zugleich als Wehrkirche diente. Über die wechselvolle Geschichte dieses Baus berichtet eine Inschrift: «Dieses Gotteshaus, erbaut auf den Trümmern einer römischen Niederlassung, ward dreimal in Kriegsdienst zerstört, anno 1332 im Krieg der Berner wider die Macht des Adels, anno 1375 wider die ins Land eingebrochenen Engelländer Ingelrams von Coucy. Anno 1653 im Bauernkrieg. Anno 1728 erhielt sie ihre heutige, äussere Gestalt.»

Herzogenbuchsee – Önzberg – Inkwilersee – Wangenried – Wangen a.A.

Wanderung durch das geografisch interessante Gebiet im Grenzbereich der Kantone Bern und Solothurn. Die Route führt durch liebliche Naturlandschaften und zu eindrücklichen technischen Bauwerken. Dank vieler Tunnels fügt sich die Hochgeschwindigkeitsstrecke der Bahn 2000 recht harmonisch in die Oberaargauer Hügellandschaft. Den krönenden Abschluss bildet das mittelalterliche Städtchen Wangen a.A. Ausserhalb der Ortschaften wenig Hartbelag.

Vom Bahnhof Herzogenbuchsee in nördlicher Richtung den Geleisen folgen und diese nach 300 m unterqueren. An wuchtigen Gewerbe-Gebäuden des Industriegebiets vorbei gelangt man auf den Naturweg, der über den bewaldeten Önzberg führt. Hier überschreitet man eine Schlüsselstelle der Bahn 2000, wird unter Tag doch die doppelspurige Neubaustrecke kreuzungsfrei mit der reaktivierten Linie nach Solothurn verknüpft. Unterwegs begegnet man mehreren Tafeln des von den SBB angelegten Bahn-Erlebnis-Pfads, auf denen über das Grossbauwerk der Hochgeschwindigkeitsstrecke Mattstetten-Rothrist informiert wird. Durch das Dörfchen Inkwil gelangt man zum kleinen, aber reizvollen Inkwilersee. An dessen nördlichem Ufer wechselt der Weg für einige Dutzend Meter in den Kanton Solothurn hinüber. Durch Waldwege und über Ackersträsschen geht es in leichtem Aufstieg nach Wangenried. Kurz vor dem Dörfchen öffnet sich der Blick auf das weite Aaretal und die dahinter liegende Jurakette. Über Weideland und danach auf steilem Waldpfad gelangt man schliesslich nach Wangen a.A. Der zehnminütige Abstecher vom Bahnhof ins histo-

Der Inkwilersee – eine mit Seerosen überwachsene grüne Idylle

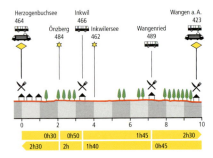

Hinfahrt: Mit Bahn nach Herzogenbuchsee
Rückfahrt: Ab Wangen a.A. mit Bahn
Weglänge: 10 km
Höhendifferenz: 140 m Aufstieg, 180 m Abstieg
Wanderzeit: 2 h 30 (Gegenrichtung: 2 h 30)

rische Zentrum des Aarestädtchens mit Zeitglockenturm und gedeckter Holzbrücke stellt einen interessanten Abschluss der Wanderung dar. Die von den Kyburgern gegründete Stadt diente den Bernern als einträgliche Landvogtei. Entsprechend reichhaltig ausgestattet ist das Schloss nahe der gedeckten Holzbrücke, in dem heute das Regierungsstatthalteramt untergebracht ist.

Hinweise zu Route 43a Seite 111

Gasthäuser am Weg

Hotel Restaurant Bahnhof
3360 Herzogenbuchsee
Tel. 062 961 82 82

Pizzeria Arcobaleno
3360 Herzogenbuchsee
Tel. 062 961 52 21

Restaurant Bahnhof
3375 Inkwil
Tel. 062 961 13 05

Restaurant Frohsinn
3375 Inkwil
Tel. 062 961 11 79

Restaurant Hirschen
3375 Inkwil
Tel. 062 961 13 04

Gasthof Leuenberger
3374 Wangenried
Tel. 032 631 21 01

Restaurant Stella
3380 Wangen a.A
Tel. 032 631 17 77

Hotel Krone
3380 Wangen a.A
Tel. 032 631 25 21

Pfahlbaustationen und Opferstätten

Der Inkwilersee ist ein kleines Landschaftsidyll. Mitten im Gewässer befindet sich eine winzige, mit Bäumen überwachsene Insel. Die Besiedlung des Gebiets reicht über 10'000 Jahre zurück. Bereits in der Altsteinzeit lebten am Inkwilersee Menschen, wie Pfahlbaureste gezeigt haben.

Die Landschaft des Oberaargaus ist während der Eiszeit von Gletschern geformt worden. Etwas südlich des Inkwilersees, auf dem Steinhof, befindet sich die «Grossi Flue». Der mächtige erratische Block stammt aus dem Val de Bagnes im Unterwallis und wurde vom eiszeitlichen Rhonegletscher hierher verschoben. Vermutlich diente der Arkesin-Gneis in der heidnischen Zeit als Opferstätte. Die Sage berichtet, dass auf dem Steinhof die Neugeborenen nicht vom Storch gebracht würden, sondern dass sie aus der Spalte der Grossen Flue träten. Auch der weiter westlich liegenden «Chilchliflue» schrieb man Wunderkräfte zu: Junge Frauen glaubten, ein Rutsch über den Block könnte den Wunsch nach einem Mann oder einem Kind erfüllen.

Wangen a.A. – Bannwil – Aarwangen – Wynau / Kirche – Murgenthal

Prächtige Flussufer-Wanderung, wechselweise am linken und am rechten Aareufer. Ausgangspunkt der Wanderung ist das malerische mittelalterliche Städtchen Wangen a.A. Am Weg liegen das Schloss Aarwangen und die Kirche von Wynau. Ziel ist das aargauische Murgenthal. Unterwegs herrliche Flusslandschaft. Wenig Hartbelag ausserorts.

Von der Station Wangen a.A durch die Platanenallee zum historischen Kern des Städtchens und durch Zytgloggeturm und Brückentor zur gedeckten, hölzernen Brücke. Jenseits der Brücke auf geteertem Uferweg dem Schwimmbad und dem Armee-Areal entlang, über den Kanal und auf natürlichem Weg flussabwärts.

Später verengt sich dieser Weg zum schmalen Pfad, der sich bis zum Walliswilsteg direkt ans Aare-Ufer legt. Hier mündet der rechtsufrige Weg von Walliswil bei Wangen ein.

Durch die besonders reizvolle Landschaft führt nun ein Fahrweg zur Berkenbrücke. Beim Überschreiten der Brücke schöner Blick zur Vogelraupfi, einer durch Kraftwerk-Stau bedingten künstlich erhöhten Brut- und Raststätte für Wasservögel mitten in der Aare (Naturschutzgebiet). Besonders schön ist auch der Winkel bei Stadönz, wo sich die wilde Önz in die träge dahinfliessende Aare ergiesst.

Bald beeinträchtigen Hochspannungsleitungen das schöne Bild. Beim Elektrizitätswerk Bannwil donnern die Wassermassen in die Tiefe – ein eindrückliches Schauspiel. Über das Wehr wechselt man ans linke Aareufer und zweigt nach 400 m wieder auf den Uferweg ab. Im Niderfeld wird der Weg erneut

Eine der schönsten natürlichen Flusslandschaften der Schweiz: Der Aarelauf im Wynauer Rank

zum schmalen Pfad und nach der grossen Aare-Schlaufe ist bereits das sich im Wasser spiegelnde Schloss Aarwangen zu sehen. Dieses war einst Wasserschloss und diente später den Bernern als Landvogtei.

Dem rechten Ufer der breit dahinströmenden Aare entlang gelangt man zum Naturschutzgebiet des Elektrizitätswerks Ober Wynau, zum Wynauer Rank, einer der schönsten natürlichen Flusslandschaften,

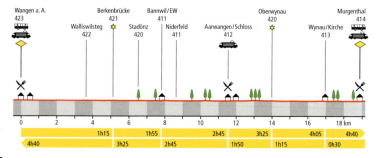

| Wangen a. A. 423 | Walliswilsteg 422 | Berkenbrücke 421 | Stadönz 420 | Bannwil/EW 411 | Niderfeld 411 | Aarwangen/Schloss 412 | Oberwynau 420 | Wynau/Kirche 413 | Murgenthal 414 |

| 0 | 2 | 4 | 6 | 8 | 10 | 12 | 14 | 16 | 18 km |

| | 1h15 | 1h55 | | 2h45 | 3h25 | | 4h05 | 4h40 |
| 4h40 | 3h25 | 2h45 | | 1h50 | 1h15 | | 0h30 |

und zur Kirche von Wynau. Sie ist eines der ältesten Gotteshäuser im Oberaargau (um 1100). 1912 entdeckte man im Chor Wandmalereien, die zur Reformationszeit übertüncht worden waren. Die Renovation von 1979 brachte eine weitgehende Rückführung auf die romanische Bauweise. In Murgenthal steigt man vor der schönen gedeckten Holzbrücke vom Aare-Ufer zum Bahnhof auf.

Hinfahrt: Mit Bahn nach Wangen a.A.
Rückfahrt: Ab Murgenthal mit Bahn
Weglänge: 19,2 km
Höhendifferenz: 160 m Aufstieg, 170 m Abstieg
Wanderzeit: 4 h 40 (Gegenrichtung: 4 h 40)

Gasthäuser am Weg

Restaurant Stella
3380 Wangen a.A
Tel. 032 631 17 77

Hotel Krone
3380 Wangen a.A
Tel. 032 631 25 21

Restaurant Oberli
3380 Walliswil b.
Niederbipp
Tel. 032 631 22 41

Restaurant Löwen
3376 Berken
Tel. 062 963 17 44

Hotel Bären ⊨
4912 Aarwangen
Tel. 062 922 22 06

Wirtshaus Rössli
4923 Wynau
Tel. 062 929 80 80

Restaurant Bistro
4853 Murgenthal
Tel. 062 926 05 42

Restaurant Murgli
4853 Murgenthal
Tel. 062 926 25 55

Wangen a.A.

Wangen an der Aare zeigt den Grundriss einer mittelalterlichen Stadt. Die zum Teil erhaltene Ringmauer bildet ein Viereck, das einige Häuserreihen und die breite Hauptstrasse einschliesst. Besonders sehenswert: Zytgloggeturm (Städtliturm), Gemeindehaus (ehemalige Landschreiberei), Gasthof Krone (bereits 1561 urkundlich erwähnt), Louis-XVI-Brunnen, Schloss (heute Amthaus), ehemalige Benediktiner-Propstei (heute Pfarrhaus), Salzhaus (heute Mehrzwecksaal) und Stadtkirche. Die gedeckte Holzbrücke (1552/1576) ist ein wunderschönes Zeugnis bernischer Zimmermannskunst.

Ob das Leben in den historischen Mauern einst so harmonisch verlief, wie es die schönen Fassaden vermuten lassen, darf bezweifelt werden. Selbst der alten Brücke blieb Ungemach nicht erspart, wie ein überlieferter Schützenfest-Spruch beweist: «Scho sit vilne hundert Jahre hani d'Scheiche i der Aare, u dervo bin i jitz richtig schlotterig u glidersüchtig.»

Niederbipp – Erlinsburg – Wolfisberg – Rumisberg – Attiswil

Längswanderung auf der Höhenterrasse der Jura-Südflanke. Anfänglich sehr steiler Aufstieg zur Erlinsburg. Anschliessend nur noch geringe Höhendifferenzen, schliesslich angenehmer Abstieg. Unterwegs weitgehend unverfälschte Jurahang-Dörfer und eine herrliche Sicht zu den Vor- und Hochalpen und in die sanfte Landschaft des Aaretals. Teilstücke auf Hartbelag, auch ausserhalb der Siedlungen.

Hans-Roth-Brunnen auf dem Dorfplatz des Jura-Hang-Dorfes Rumisberg.

Von der Station Niederbipp dorfaufwärts Richtung Jura. Bereits in Galmis überblickt man das grosse Dorf. Bei der Kirche, jenseits der Bahnlinie,

konnten viele Funde aus der Römerzeit gesichert werden. Man fand Mauerwerk, Mosaikböden und Münzen. Alles deutet darauf hin, dass sich hier an der Strasse Salodurum (Solothurn)–Vindonissa (Windisch) die bedeutendste römische Siedlung im Bipperamt befand.

Ebenen Wegs geht es nun der Hangflanke entlang. Über dem Wald wird schon der Felsdorn der Leenflue sichtbar, auf welchem die Erlinsburg stand. Voraus liegt die markante Roggenflue, darunter die helle Bechburg. Beim Weiler Leen geht es in den Wald. Ein steiler, schmaler Zickzack-Weg leitet zur Grathöhe am Fusse der Vorderen Leenflue.

Die von den Froburger Grafen in den Jahren 1080 bis 1218 erstellte Vordere Erlinsburg wurde 1375 beim Gugler-Einfall zerstört und nicht wieder aufgebaut. Die Burgstelle bietet einen packenden Tiefblick auf Niederbipp. 1950 schuf der Kanton das Reservat Leenflue, in dem heute fast die ganze Pflanzenwelt des Jura und eine interessante Kleintierwelt vertreten sind.

Vorsicht beim Abstieg von der Burgstelle: Unbedingt den gleichen Fussweg benutzen wie für den Aufstieg! Sanft geht es nun abwärts über das

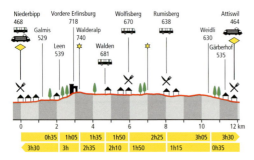

Niederbipp 468	Vordere Erlinsburg 718		Wolfisberg 670	Rumisberg 638			Attiswil 464	
Galmis 529		Walderalp 740				Weidli 630		
	Leen 539		Walden 681				Gärberhof 535	

0	2	4	6	8	10	12 km

	0h35	1h05	1h35	1h50	2h25	3h05	3h30

3h30	3h	2h35	2h10	1h50	1h15	0h35

leicht geneigte Hochplateau der Walderalp nach Walden – ein echter Panoramaweg. Fast auf gleicher Höhe steht das etwas grössere Wolfisberg. Nach Durchschreiten dieses Strassendörfchens fesselt einen wieder der wunderschöne Fernblick. Rumisberg bietet das noch weitgehend unverfälschte Bild eines schönen Jurahang-Dorfes. Die Dachfirste der Häuser sind eng aneinander gebaut, damit der Feldbebauung möglichst viel Raum gewährt werden konnte. Auf dem Dorfplatz erinnert der Hans-Roth-Brunnen von Schang Hutter an den geachtetsten Mitbürger der Gemeinde, der seinerzeit in Wiedlisbach die kyburgischen Verschwörer belauschte und Solothurn vor einem Überfall warnen konnte.

Nun senkt sich der Weg über Frauchsrüti zum Gehöft Weidli. Hier wird talwärts abgezweigt. Auf Waldwegen, über Wiesland und auf Feldsträsschen gelangt man in angenehmem, abwechslungsreichem Abstieg über den Gärberhof nach Attiswil.

Hinfahrt: Mit Bahn nach Niederbipp
Rückfahrt: Ab Attiswil mit Bahn
Weglänge: 12,1 km
Höhendifferenz: 470 m Aufstieg, 470 m Abstieg
Wanderzeit: 3 h 30 (Gegenrichtung: 3 h 30)

Hinweise zu Route 45a Seite 111

Gasthäuser am Weg

Gasthof Brauerei 4704 Niederbipp Tel. 032 633 10 33	**Restaurant zum Bären** 4539 Rumisberg Tel. 032 636 29 77	**Restaurant Bären** 4536 Attiswil Tel. 032 637 03 53
Hotel Alpenblick ⊨ 4704 Wolfisberg Tel. 032 636 27 82	**Restaurant Rebstock** 4536 Attiswil Tel. 032 637 16 02	**Restaurant Löwen** 4536 Attiswil Tel. 032 637 16 03

Das Bipperamt

Das Gebiet im Nordwesten des Kantons Bern zwischen Aare und den Höhen der ersten Jurakette ist das Bipperamt. Im Mittelalter lag hier eine für die geschichtliche Entwicklung der Eidgenossenschaft besonders wichtige Grenzscheide. In der Nähe von Attiswil, an der Mündung der Siggern in die Aare, stiessen einst die Bistümer Lausanne und Basel mit dem rechts der Aare gelegenen Bistum Konstanz zusammen. Ähnlich komplex war aber auch die politische Gliederung. So kam zum Beispiel das Städtchen Wiedlisbach (Bild) mit der Herrschaft Bipp von den Froburgern an die Grafen von Kyburg. Deren Besitzungen gingen 1406 an Bern und Solothurn über. Schliesslich wurde Bern alleiniger Besitzer. Bipp und Wiedlisbach bildeten nun bis 1798 eine eigene bernische Landvogtei, die 1803 mit Wangen vereinigt wurde. Im Zuge der Verwaltungsreform wurde diese 2010 Teil des Verwaltungskreises Oberaargau.

Wiedlisbach – Bettlerküche – Höllchöpfli – Schwengimatt – Oensingen

Sehr abwechslungsreiche Wanderung durch typische Jura-Dörfer, über Weiden, durch Wälder und über schmale Gratwege. Teilstück des Jura-Höhenwegs. Das Höllchöpfli ist nicht allein der höchstgelegene Punkt im Oberaargau, es zählt auch zu den schönsten Aussichtspunkten. Von hier aus wird die Sicht in 16 (!) Kantone frei. Voralpen und Alpen bilden einen erhabenen Kranz um eine sanfte Landschaft, in der Flussläufe, Seen und Seelein aufglänzen. Gutes Schuhwerk ist Voraussetzung für die Begehung des Höhenweges. Hartbelag einzig im Bereich der Siedlungen.

Wiedlisbach wäre allein schon eine Reise wert. Dieses mittelalterliche Zwei-Gassen-Städtchen ist eine Gründung der Grafen von Froburg (12. und 13. Jh.) Die Hauptgasse war das Viertel der Handwerker, Gewerbetreibenden und Gastwirte, während das Hinterstädtchen eher ländlichen Charakter ausstrahlt. Das Städtchen wurde 1974 vom Schweizer Heimatschutz mit dem Wakker-Preis ausgezeichnet. Von der Station kurz ostwärts, dann durch Wald einem Bachgraben entlang steil aufwärts nach Rumisberg. Auf dem

Das Rüttelhorn in der Leberenkette ist ein weitherum bekannter Kletterberg.

Dorfplatz steht ein schöner Gedenkbrunnen an Hans Roth, einen Rumisberger Bauern, der 1382 die Solothurner vor einem kiburgischen Angriff warnte. Rumisberg bietet das noch weitgehend unverfälschte Bild eines schönen Jurahang-Dorfes. Ebenso das rund 160 m höher gelegene Farnern. Prächtig ist die Aussicht auf das Aaretal und die Buchsiberge, ins Napfgebiet und zu den

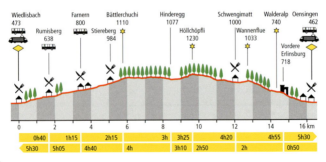

Wiedlisbach 473	Farnern 800	Bättlerchuchi 1110	Hinderegg 1077	Schwengimatt 1000	Walderalp 740	Oensingen 462	
Rumisberg 638	Stiereberg 984		Höllchöpfli 1230	Wannenflue 1033	Vordere Erlinsburg 718		

0h40	1h15	2h15		3h	3h25	4h20	4h55	5h30
5h30	5h05	4h40	4h	3h10	2h50	2h	0h50	

Hochalpen, besonders wenn in der Tiefe der Nebel brodelt. Vom höchsten Punkt der Dorfstrasse führt der Weg über üppige Bergwiesen steil hinauf in die oberste Kurve der Schmidemattstrasse am Stiereberg.

Auf dieser etwa 100 m aufwärts zur Abzweigung des alten Weges, der durch Wald und über Weide zum felsigen Engpass der Bättlerchuchi steigt (Umgehung des Kretenweges durch die Weidemulde zur Hinderegg 40 min). Vom Felskopf über der Feuerstelle grossartiger Ausblick über das Aaretal und das Mittelland zu den Bergen. Auf dem Gratweg folgt man dem Jura-Höhenweg über die Hinderegg zum Höllchöpfli, dem höchsten und zugleich schönsten Aussichtspunkt des Oberaargaus.

Hinfahrt: Mit Bahn nach Wiedlisbach
Rückfahrt: Ab Oensingen mit Bahn
Weglänge: 16,6 km
Höhendifferenz: 950 m Aufstieg, 960 m Abstieg
Wanderzeit: 5 h 30 (Gegenrichtung: 5 h 30)

Steil geht es nun auf ruppigem Weg am Rosschopf vorüber zur Schwengimatt hinab. Mit dem sehr steilen Abstieg an der Gratkante zur Klus auf teilweise rauhem Pfad über Walderalp–Vordere Erlinsburg–Leenberg nach Oensingen findet die anspruchsvolle, aber beglückende Bergwanderung ihren Abschluss.

Gasthäuser am Weg

Restaurant Altstadt
4537 Wiedlisbach
Tel. 032 636 22 11

Restaurant zum Bären
4539 Rumisberg
Tel. 032 636 29 77

Restaurant zum Jura
4539 Farnern
Tel. 032 636 27 02

**Bergrestaurant
Stierenberg**
Stiereberg,
4539 Farnern
Tel. 032 636 26 88

**Alpwirtschaft Vordere
Schmiedematt** ⊢━┥
Schmidematt,
4539 Farnern
Tel. 032 636 27 04

**Bergrestaurant
Hinteregg** ⊨━┥⊢━┥
Hinteregg
4539 Rumisberg
Tel. 032 636 32 72

**Bergrestaurant
Buechmatt**
Buechmatt,
4704 Wolfisberg
Tel. 032 636 23 66

**Bergwirtschaft
Schwengimatt** ⊨━┥⊢━┥
Schwengimatt
4710 Balsthal
Tel. 062 391 11 49

Restaurant Dal Toscano
4702 Oensingen
Tel. 062 396 20 50

**Hotel-Restaurant
Rondo**
4702 Oensingen
Tel. 062 388 30 10

Von Gletscherwassern und Bettlern

Geologische Karte und Gelände weisen darauf hin, dass die Südflanke der ersten Jura-Kette durch Absackungen und Bergstürze völlig umgewandelt wurde, während die Nordflanke kaum Veränderungen aufweist. Die überhängenden Faltungen waren vor Tausenden von Jahren von den wilden Schmelzwassern des eiszeitlichen Rhonegletschers derart unterspült worden, dass riesige Gesteinsmassen talwärts stürzten. Dort bildeten sich fossilienreiche Hangterrassen. Die Versteinerungen (z.B. Ammonshörner) wurden oft sogar zur Verkleidung von Brunnenstöcken verwendet. Die Bättlerchuchi, ein Einschnitt im Felskamm, erhielt ihren Namen, weil sich herumziehendes Volk in der Nähe der schwer zugänglichen Grenze niederliess.

Weitere signalisierte Routen

- ▶ Wanderzeit (Hinweg)
- ◀▶ Streckenlänge
- ▲ Aufstieg total
- ▼ Abstieg total
- ◀ Wanderzeit (Gegenrichtung)

Der Blick von der Moosegg auf die Emmentaler Hügelwellen ist zu jeder Jahreszeit ein Genuss.

 1a

Kemmeriboden Bad – Ällgäu – Widegg – Habkern

▶ 4 h 30 ◀▶ 14,4 k m ▲ 773 m ▼ 686 m ◀ 4 h 30
Abwechslungsreicher Übergang aus dem Quellgebiet der Emme in die Höhenmulde von Habkern. Am Fuss des kahlen, von Karrenfeldern und Geröllhalden durchzogenen Hohgant (Naturschutzgebiet) geht es stetig steigend, mehrheitlich durch Wald, zur aussichtsreichen Höhe der Widegg. Eindrücklich ist die Sicht ins Seefeld, zu Gemmenalphorn, Hardergrat, Morgenberghorn und Niesen. Steil geht es hinunter an den sonngebräunten Häusern von Bolsiten vorüber ins heimelige Habkern.

 2a

Innereriz – Hohgant – Grüenenberg – Innereriz

▶ 6 h 40 ◀▶ 14,3 km ▲ 1251 m ▼ 1251 m ◀ 6 h 40
Bergwanderweg. Direkter Aufstieg zum Trogenhorn mit anschliessender Gratwanderung zum Hohgant-Westgipfel. In den Flühen des Trogenhorns einige exponierte Stellen – Vorsicht! Karren-Landschaft auf der Grathöhe. Unterwegs überwältigende Tiefblicke ins Eriz. Einzigartige Rundsicht vom Westgipfel aus. Der Abstieg erfolgt über den Westrücken des Massivs zur Alp Grüenenberg. Über Fall und Hinter Sol führt ein kurzweiliger, aber stellenweise glitschiger Pfad nach Innereriz zurück. Diese Route ist ausschliesslich für geübte Berggänger geeignet! Bei nassem Wetter und Schnee ist von der Begehung abzusehen.

5a
Oberdiessbach–Boden–Hartlisberg–Steffisburg

▶ 2 h 30 ◀▶ 9,2 km ▲ 291 m ▼ 310 m ◀ 2 h 30

Aussichtsreiche Talflankenwanderung von der Chise an die Zulg. Aus der Ortschaft mit den zwei Schlössern (Alt Schloss derer von Diesbach 1546, Neues Schloss der Familie von Wattenwyl 1668 mit prächtiger Gartenanlage) führt der Weg in erhöhter Lage unterhalb des Waldes in den Weiler Boden. Unterwegs prächtige Ausblicke ins Aaretal, zum Belpberg und zur Stockhorn-Gantrisch-Kette. Noch eindrücklicher ist die Südsicht vom Riederehubel: Vom Hohgant bis zum Ochsen reihen sich die Voralpengipfel auf. Dahinter stehen die Eisriesen des Berner Oberlandes.

22a
Wasen i.E.–Arni–Ober Lushütte–Napf

▶ 5 h ◀▶ 15,9 km ▲ 959 m ▼ 296 m ◀ 4 h

Direkteste Aufstiegsroute von Wasen im Tal der Grüene über die Alpen Vorder- und Hinterarni zur Lushütte und über Höch- und Nideränzi zum Napf, der «Rigi des Emmentals». Die vorzüglichen Aussichtspunkte auf dem Höhenrücken zwischen Churzenei- und Hornbachgraben und die prächtigen Alpweiden entschädigen reichlich für die verhältnismässig langen Asphaltstrecken, die bis zur Lushütte in Kauf zu nehmen sind. Für das Teilstück Lushütte–Napf wird gutes Schuhwerk empfohlen. Das Plateau des Napf gewährt einen gewaltigen Rundblick.

23a
Dürrenroth–Oberwald–Heimigeneuhus–Huttwil

▶ 3 h 10 ◀▶ 11,8 km ▲ 287 m ▼ 347 m ◀ 3 h 10

Aussichtsreiche Wanderung über die Höhe des Oberwaldes. Aus dem schönen Dorfkern von Dürrenroth steigt man in südlicher Richtung zum Oberwald auf. Oberhalb des mit biblischen Szenen verzierten Gasthauses geniesst man ei-

nen schönen Blick über das Tal der Wissachen und übers luzernische Hügelland zur fernen Rigi. Gemächlich senkt sich der Weg zur Staatsstrasse, welche direkt in den malerischen Kern des Städtchens Huttwil führt.

23b
Huttwil–Nyffenegg–Hege–Ahorn

▶ 2 h 45 ◀▶ 9,7 km ▲ 540 m ▼ 39 m ◀ 2 h 15

Kurzweiliger Aufstieg zum Ausflugsziel Ahorn. Teilstück des Grenzpfades Napfbergland, der durchgehenden Route von St. Urban über Napf und Rämisgummen zum Brienzer Rothorn. Vom Bahnhof Huttwil in den sehenswerten Ortskern. Über Nyffel und die Nyffenegg führt der Weg über den Höhenzug zwischen Langete und Luthern. Ab Hege folgt er meist der Kantonsgrenze. Auf dem Ahornhubel geniesst man eine grossartige Rundsicht ins Napfgebiet und über das luzernische Hügelland zu den Zentralschweizer, Berner und Freiburger Alpen sowie zum Jura. Selbst Lägern, Üetliberg und Schwarzwald sind sichtbar. Viele Abstiegsmöglichkeiten.

25a
Grosshöchstetten–Blasen–Waldhäusern–Emmenmatt

▶ 3 h 25 ◀▶ 12,7 km ▲ 299 m ▼ 392 m ◀ 3 h 30

Abwechslungsreiche Wanderung über die aussichtsreichen Höhen der Gemeinde Oberthal in die Nordflanke der Blasenflue und zum Emmentaler Aussichtsbalkon Moosegg. Schön ist der Abstieg von Waldhäusern über die aussichtsreiche Egguriedegg nach Emmenmatt am Zusammenfluss von Emme und Ilfis. Im Aufstieg herrliche Ausblicke zum Churzenberg, ins Thunersee-Becken und zur Stockhorn-Gantrisch-Kette im Süden sowie über das Aare- und Emmental zum Jura. Unbestrittener Höhepunkt der Wanderung ist die unvergleichliche Sicht von der Moosegg aus.

26a
Schafhausen–Schwändi–Hammegg–Biglen

▶ 2 h 40 ◀▶ 10,5 km ▲ 402 m ▼ 270 m ◀ 2 h 30

Kurze Höhenwanderung über der östlichen Talflanke des Bigetals. Glanzlichter unterwegs sind die prächtigen Aussichtspunkte Hammegg und Gumm. Auf der Hammegg findet jeweils im August die traditionelle Hammegg-Chilbi (Kirchweih) statt. Prächtige Sicht zu Voralpen und Alpen, zum Napf und über die Mänziwilegg zum Jura. Das stattliche Dorf Biglen verdankt seinen Aufschwung der Entstehung der Talkäsereien (1828), der Eröffnung der Bahnstrecke (1899) und der Gründung der Eisenmöbelfabrik (1904).

27a
Hasle-Rüegsau–Brandis–Gotthelf-Gedenkstätte–Lützelflüh

▶ 1 h 15 ◀▶ 4,8 km ▲ 127 m ▼ 116 m ◀ 1 h 15

Wanderung in das engere Wirkungsgebiet Jeremias Gotthelfs. Von der Station Hasle-Rüegsau durch den Ort Rüegsauschachen taleinwärts und durch die Flanke des Schlossbergs zur Ruine Brandis. Hier lebten vom 13. Jh. weg die mächtigen Herren von Brandis. Einer von ihnen ist als grausamer Zwingherr in der Sage verewigt. Bei drohendem Hochwasser muss er aus dem Grabe steigen und beim Flicken der Emme-Schwellen Hand anlegen (siehe auch Gotthelfs «Wassernot im Emmental»). Von der nahen Gotthelf-Gedenkstätte aus hat man einen schönen Überblick auf Lützelflüh mit Kirche, Pfarrhaus und Pfarrhausspeicher mit Gotthelf-Stube (geöffnet Mitte April bis Ende Oktober), Wirkungsorte des bedeutendsten Emmentaler Schriftstellers.

30a
Burgdorf–Rumendingen–Seeberg

▶ 3 h 45 ◀▶ 14,6 km ▲ 333 m ▼ 371 m ◀ 3 h 50

Abwechslungsreiche Wanderung durch Wälder und über sanfte Höhen, durch ertragreiche Felder und kleine Bauerndörfer. Aus der Zähringer Stadt Burgdorf geht es erst nordwärts über den aus-

sichtsreichen Gyrisberg. Nach der Senke der Ösch erreicht man das Wanderwegkreuz am Bälchtürli. Besonders beschaulich ist die Wanderung durchs Chänerechbach-Tal zu den behäbigen Bauernhäusern von Rumendingen. Mit dem Verflachen der Hügelwelt werden die Ausblicke zum blauen Wall des Jura immer weiter. An Ober Alchenstorf vorüber und durchs Grossholz (am Waldrand prächtige Sicht zu den Bergen) erreicht man das ländliche Seeberg.

30b
Burgdorf–Binzberg–Kaltacker–Wynigen

▶ 2 h 50 ◀▶ 10,3 km ▲ 287 m ▼ 293 m ◀ 2 h 50

Planetenweg. Auf dem Binzberg beginnt das auf eine Strecke von 8 km verteilte Modell des Sonnensystems. Es zeigt im Massstab 1:1 Milliarde die Grösse der Sonne und deren Planeten sowie deren massstabgetreu verkleinerte Entfernung von der Sonne. Diese weist im Modell einen Durchmesser von 1,4 m auf. Die Planeten Merkur, Venus, Erde und Mars haben nur noch die Grösse winziger Kügelchen. Kurz vor Kaltacker ist der Standort des Uranus platziert, und erst knapp vor Wynigen trifft man auf das Modell des Pluto. Auch die Aussicht auf diesem Höhenweg ist beachtlich, besonders Richtung Jura. Einziger Nachteil: lange Asphalt-Strecken.

40a
Langenthal Süd–Sängeliweiher–Thunstetten–Herzogenbuchsee

▶ 1 h 50 ◀▶ 7,2 km ▲ 58 m ▼ 76 m ◀ 1 h 50

Kurze, beschauliche Wanderung zwischen zwei wichtigen Zentren des Oberaargaus. Am Wege (oder in unmittelbarer Nähe) liegen die beiden Seelein Sängeliweiher und Torfsee. Während der Sängeliweiher durch den einstigen Lehmabbau für die Ziegelei Langenthal entstand, verdankt der Torfsee seine Entstehung der Torfausbeute während des 1. Weltkriegs. Beide Seelein stehen unter Naturschutz. Auch der kurze Abstecher zum Schloss Thunstetten lohnt sich. Dieses wurde

1713 – 1715 nach dem Vorbild von Versailles in französischem Barock-Stil erbaut. Bauherr war Hyeronimus von Erlach, damals Landvogt zu Aarwangen und kaiserlicher Feldmarschall – eine der schillerndsten Gestalten der altbernischen Geschichte. Auch mit prächtigen Ausblicken zum Jura geizt diese Route nicht.

41a
Herzogenbuchsee–Matten–Steinhof–Riedtwil

▶ 2 h ◀▶ 7,9 km ▲ 124 m ▼ 92 m ◀ 2 h 10

Leichte Wanderung durch prächtigen Wald und durch die Wässermatten an der Önz zu den mächtigen Findlingen in der solothurnischen Exklave Steinhof. Das Wandern auf gepflegtem Spazierweg durch den lichten Buchenbestand im Löliwald ist ein besonderer Genuss. Ruhe und Weite strahlt die Wässermatten-Landschaft an der Önz mit ihren Hecken und dem weidenge-säumten, gewundenen Lauf des Bächleins aus. Schöner Blick zum Weissenstein. Die Attraktion bildet jedoch die «Grossi Flue» auf dem Steinhof, ein riesiger Arkesingneis aus dem Wallis, der vom Rhonegletscher hierher getragen worden ist. Et-was weiter westlich befindet sich die Chilchliflue, welcher gar Wunderkräfte zugeschrieben wur-den. Der weitere Weg nach Riedtwil folgt weit-gehend dem Lauf der Önz.

43a
Herzogenbuchsee–Önzberg–Röthenbach–Wangen a.A.

▶ 2 h 30 ◀▶ 10,4 km ▲ 63 m ▼ 104 m ◀ 2 h 40

Kurze Wanderung von der Önz an die Aare, unter Einbezug des Bahn-Erlebnispfades. Eine Wanderung der Gegensätze: Vom Industrie-Ort zur mittelalterlichen Kleinstadt, vom offenen Ag-rarland zu ausgedehnten Wäldern, von der ver-kehrsmässig stark geprägten Gegend in die Ruhe der Erholungslandschaft. Beim Bahnhof Herzo-genbuchsee wird die Bahnlinie unterquert. Am westlichen Dorfrand steigt man in den schönen

Wiesengrund der Önz ab. In vielen Windungen strebt der heckengesäumte Bach der Aare zu. Ab Inkwil bis an den Nordrand von Röthenbach gilt es, eine längere Asphaltstrecke zu bewältigen, bevor sich der Weg durch ausgedehnte Wälder nach Wangen a.A. senkt.

45a
Niederbipp–Oberbipp–Wiedlisbach–Attiswil

▶ 2 h ◀▶ 7,7 km ▲ 175 m ▼ 179 m ◀ 2 h

Aussichtsreiche Terrassenwanderung an der Schwelle des Jura-Südhangs. Herrliche Ausblicke über das Mittelland zur Alpenkette. Von der Stati-on Niederbipp erst Richtung Jura ansteigen. Beim Spital auf breitem Aussichtsweg dem Waldrand entlang und später durch Wald ins Oberdorf von Oberbipp. Unterwegs prächtige Sicht über die Hügelwellen des Oberaargaus und des Emmen-tals zu den Bergen, die vom Pilatus bis zu den Freiburger Alpen zu überblicken sind. Bald zieht sich der Weg recht steil zu den obersten Häu-sern von Wiedlisbach hinunter (ein Besuch des mittelalterlichen Städtchens lohnt sich sehr!). Unterwegs Blick zum von Flühen überragten malerischen Schloss Bipp. Der kurze Anstieg zum Pflegeheim Dettenbühl ist unbeschwerlich. Dann geht es bei prächtiger Sicht auf Balm- und Rötiflue zu den obersten Häusern des Jurarand-Dorfes und hinunter zur Station Attiswil.

Das mittelalterliche Städtchen Wiedlisbach.

Winterwandern

Wandern zu jeder Jahreszeit zählt zu den ausgewogensten, erholsamsten Freizeittätigkeiten. Darum wird auch das Wandern im Winter immer beliebter. Herrlich ist die Bewegung in der freien Natur, wenn die Sonne über der weissen Landschaft gleisst und der Atem dampft. Das Wandergebiet Emmental–Oberaargau bietet auch in der kalten Jahreszeit unzählige Wandermöglichkeiten an. In höheren Lagen ist jedoch nicht jeder Wanderweg auch für die Begehung im Winter geeignet. Schmale Pfade, exponierte Stellen und vereiste Schattenhänge weisen ein beträchtliches Gefahren-Potenzial auf. Im Gegensatz zum Berner Oberland sind besonders ausgeschilderte und gepfadete Winter-Wanderrouten im Raum Emmental-Oberaargau noch unbekannt. Für die Bewältigung der angegebenen Strecken benötigt man je nach Schneeverhältnissen wesentlich mehr Zeit, als auf den Wegweisern vermerkt ist. Als Faustregel dürfte ein Zeitaufwand von 20 bis 30 min pro km Winterwanderweg dienen.

Einsamkeit und Stille prägen die Landschaft zur kalten Jahreszeit. Wer mit der Natur lebt, fügt sich in deren Gesetze. Abgelegene Gehöfte am Schallenberg. Blick zum verschneiten Hohgant.

Hinweise für das Winterwandern

Genug Zeit einplanen. Die Zeitangaben auf den gelben Wegweisern sind im Winter nicht ohne weiteres gültig. Sie basieren auf einer durchschnittlichen Marschgeschwindigkeit von 4,2 km/h. Auf verschneiter Unterlage reduziert sich das Gehtempo merklich. Im Sinne einer Faustregel sollte mit einem Zeitaufwand mit mindestens 20 min pro km Winterwanderweg gerechnet werden.

Die Bodenbeschaffenheit kann sich bei Schneefall, Kälte- oder Wärmeeinbrüchen rasch ändern. Vorsicht ist immer geboten.

Wichtig ist gutes Schuhwerk mit griffiger Sohle. Vor dem Ausgleiten schützen schnell und leicht montierbare Absatzeisen, sog. Eissporen (in Sport- und Schuhgeschäften erhältlich). Bei grossen Neuschnee-Mengen leisten Gamaschen vorzügliche Dienste.

Schutz gegen Kälte und Nässe ist unentbehrlich. Auch gegen die Sonnenbestrahlung sind Schutzmittel nötig (Sonnenbrille, Sonnenhut, Sonnencreme).

Die folgenden signalisierten (jedoch nicht durchwegs gepfadeten) Wanderrouten im Berg- bzw. Hügelgebiet von Emmental und Bipperamt sind auch für die Begehung bei Schnee geeignet:

	Distanz	Route	Seite
Schangnau–Bumbach–Kemmeriboden Bad	8,6 km	3	18
Brenzikofen–Lueghubel–Schwarzenegg	10,3 km	5	22
Heimenschwand–Wachseldornmoos–Süderen	5,8 km	6	24
Oberdiessbach–Chuderhüsi–Röthenbach	14,5 km	7	26
Signau–Chapf–Eggiwil	12,4 km	10	32
Emmenmatt–Äschau–Eggiwil	11,5 km	11	34
Langnau–Hohwacht–Eggiwil	11,4 km	14	40
Langnau–Ober Rafrüti-Emmenmatt	19,9 km	15	42
Langnau–Trubschachen–Wiggen	12,5 km	19	50
Grünenmatt–Lüderenalp–Zollbrück	19,5 km	20	52
Sumiswald–Brunne–Dürrenroth	10,5 km	21	54
Wasen–Sänggeberg–Lüderenalp	7 km	22	56
Ramsei–Moosegg–Signau	14,2 km	24	60
Zäziwil–Chäneltal–Moosegg	8 km	25	62
Walkringen–Nünhaupt–Moosegg	9,8 km	26	64
Hasle-Rüegsau–Affoltern–Rüegsau	21,7 km	27	66
Burgdorf–Lützelflüh–Emmenmatt	19,6 km	28	68
Walden–Rumisberg–Attiswil	7,5 km	45	104

Die Oberaargauer Routen 29 bis 44 weisen in der Regel kaum Schnee auf und sind auch im Winter gefahrlos begehbar. Vorsicht: Der Abstieg in den Mutzgrabe (Routen 40 und 41) ist nur bei Schnee- und Eisfreiheit ungefährlich!

Mensch, Tier und Natur
Wanderwege führen teilweise durch unberührte Landschaften, wo Hasen, Rehe und Gemsen während der harten Jahreszeit Zuflucht finden. Unbeaufsichtigte Hunde können Wildtiere in die Flucht treiben. Dadurch entstehender Energieverlust, Stress und Verletzungen können zu deren Tod führen. Hunde sind daher an der Leine zu führen.

Die verschneite Landschaft verstärkt den Eindruck der zerfurchten Topographie. Schufelbüel zwischen Rüegsbach und Sumiswald.

Reise-Informationen für Wandernde

Eine Wanderung soll Musse und Erholung bringen: sehen, erleben, spüren, hören – ohne Hektik, ohne Einengung durch Signale und Vorschriften, ohne unvermeidlichen Blick in den Rückspiegel. Diese Zielsetzung möchten auch die öffentlichen Verkehrsbetriebe in der Wanderregion Emmental–Oberaargau unterstützen. Mit einem gut ausgebauten Verkehrsnetz ermöglichen sie den leichten Zugang zu Ausgangs- und Zielpunkten der Wanderungen und gestatten auch die Planung individueller Varianten (siehe Verkehrsnetz Seite 8).

Auf der Schiene

Ein dichter Taktfahrplan gewährleistet auf der Schiene die wichtigsten Verbindungen.

Auf der Strasse

Auch das Bus-Liniennetz ist attraktiv und gut auf das Bahn-Liniennetz abgestimmt.

Informationen zu allen Tourismusfragen

Bern Tourismus
Laupenstrasse 20
Postfach
3001 Bern
Tel. 031 328 12 28
info@berninfo.com

Emmental Tourismus
Schlossstrasse 3
3550 Langnau
Tel. 034 402 42 52
info@emmental.ch

Region Oberaargau, Regionalplanung/
Volkswirtschaft/Tourismus
Jurastrasse 29
4900 Langenthal
Tel. 062 922 77 21
region@oberaargau.ch

Tourist Office Burgdorf
Bahnhofstrasse 44
3400 Burgdorf
Tel. 034 424 50 65
tourist-office@burgdorf.ch

Informationen zu allen Verkehrsfragen

Aare Seeland mobil AG
Grubenstrasse 12
4900 Langenthal
Tel. 062 919 19 11
Fax 062 919 19 12
info@asmobil.ch

Kundencenter Stadtladen
Marktgasse 13
4900 Langenthal
Tel. 062 923 99 44
stadtladen@asmobil.ch

BLS AG
Genfergasse 11
3001 Bern
Tel. 058 327 27 27
reisezentrum@bls.ch

BLS AG, Reisezentrum Langnau
Bahnhofstrasse 4
3550 Langnau
Tel. 058 327 60 80
langnau@bls.ch

Und ausserdem …

Nichts ist ärgerlicher, als wenn man nach anstrengender Wanderung vor einer verschlossenen Gasthaustüre steht. Auch Gastwirte haben jedoch ein Anrecht auf wohlverdiente Ruhe. Wer klug ist, baut vor! Die entsprechenden Telefonnummern finden Sie bei der Routenbeschreibung.

Karten –
die zuverlässigen Ratgeber

Als Ergänzung zum vorliegenden Wanderbuch steht eine grosse Auswahl an Kartenmaterial zur Verfügung. Wanderkarten und Landeskarten sind im Buchhandel erhältlich oder bei der Geschäftsstelle der Berner Wanderwege. Mitglieder des Vereins erhalten dort attraktive Vergünstigungen (Versand: Postfach, 3000 Bern 25 oder www.bernerwanderwege.ch; Shop: Moserstrasse 27, Bern).

Wanderkarte 1:60 000 Kümmerly + Frey		Routen oder Teilstücke davon
10	Emmental–Napf–Entlebuch	1–35, 38–41
5	Oberaargau–Solothurn	21, 23, 29–46

Wanderkarte 1:50 000 SAW/swisstopo		Routen oder Teilstücke davon
254T	Interlaken	1, 2, 4, 8
253T	Gantrisch	9
244T	Escholzmatt	1–20, 22, 24–26, 28
243T	Bern	5–7, 9, 10, 24–26, 28
234T	Willisau	18, 20–23, 27, 32–41
233T	Solothurn	27–31, 33, 40–43
224T	Olten	36, 37, 42, 44, 46
223T	Delémont	42–46

Wanderkarte 1:25 000 (Zusammensetzung) SAW/swisstopo		Routen oder Teilstücke davon
2522	Napf	10, 11, 14–16, 18–24

Landeskarte 1:50 000 (Zusammensetzungen) swisstopo		Routen oder Teilstücke davon
5018	Gantrisch–Thunersee	2–13
5019	Weissenstein–Oberaargau	21, 23, 29–46

Landeskarte 1:25 000 swisstopo		Routen oder Teilstücke davon
1208	Beatenberg	1,2,4,8
1207	Thun	9
1189	Sörenberg	1–3
1188	Eggiwil	2–14, 17
1187	Münsingen	5–7, 9, 10
1169	Schüpfheim	18, 22
1168	Langnau i.E.	10, 11, 14–20, 22, 24–26, 28
1167	Worb	25, 26, 28
1149	Wolhusen	18, 22
1148	Sumiswald	20–23, 27, 32–34, 39
1147	Burgdorf	27–30, 33, 41
1128	Langenthal	32–42
1127	Solothurn	30, 31, 33, 40–43
1108	Murgenthal	36, 37, 42, 44, 46
1107	Balsthal	42–46

Landeskarte 1:25 000 (Zusammensetzung) swisstopo		Routen oder Teilstücke davon
2522	Napf	10, 11, 14–16, 18–24

Landeskarte 1:25 000 (Zusammensetzung) swisstopo		Routen oder Teilstücke davon
Sektor 3	Bern	1–46

Wanderfreundliche Gaststätten

Wandernde willkommen

In folgenden Hotels, Restaurants und Geschäften sind Wandernde jederzeit herzlich willkommen. Die aufgeführten Betriebe sind Mitglied der Berner Wanderwege; sie unterstützen den Verein und dessen Bestrebungen.

4912 Aarwangen
Landgasthof zum Bären
Gasthof zum Wilden Mann

3536 Aeschau
Restaurant Tanne

3416 Affoltern i.E.
Restaurant Schaukäserei

3555 Blapbach
Restaurant Blapbach

3366 Bollodingen
Restaurant Löwen

3400 Burgdorf
Landgasthaus Sommerhaus
Restaurant Hallenbad

3537 Eggiwil
Bergrestaurant Erika
Berghaus Gabelspitz
Gasthof Bären
Restaurant Löwen
Wanderkafi Grosshorben

3543 Emmenmatt
Hotel Moosegg AG
Aemme-Beizli

4952 Eriswil
Bergrestaurant Ahorn-Alp

3619 Eriz
Restaurant Säge
Restaurant Linden
Restaurant Schneehas

3423 Ersigen
Café Fischer
Landgasthof Bären
Restaurant Rudswilbad

3557 Fankhaus (Trub)
Hotel Napf
Alpwirtschaft Ober
Schwarzentrub

4539 Farnern
Alpwirtschaft
Stierenberg

3553 Gohl
Camping und Restaurant
Jägerhus

4955 Gondiswil
Gasthof Rössli

3565 Grasswil
Tea Room Ischlag

3455 Grünen
Hotel Restaurant Gasthof
Bahnhof

3453 Heimisbach
Landgasthof Bären

3412 Heimiswil
Relis Kurs- und Erholungshaus
Gasthof Löwen

4950 Huttwil
Hotel Mohren

3413 Kaltacker
Landgasthof Lueg
Sozialtherapeutische Wohn-,
Arbeits- und Lebensgemeinschaft

3550 Langnau i.E.
Restaurant Hallenbad
Restaurant Hohwacht
Hotel-Restaurant Schlüssel
Hotel Hirschen
Gasthof zum Goldenen Löwen

3432 Lützelflüh
Restaurant Emmenbrücke
Gasthof-Hotel Ochsen
Bauernhofbeizli Oase
Restaurant Thalsäge

4934 Madiswil
Landgasthof Bären
Restaurant Bürgisweyerbad

4917 Melchnau
Gasthof Löwen

3362 Niederönz
Restaurant Linde

3414 Oberburg
Restaurant Rothöhe

3434 Obergoldbach
Restaurant Löchlibad

3531 Oberthal
Wirtschaft Eintracht

3476 Oschwand
Wirtschaft Oschwand

4919 Reisiswil
Waldhaus Hochwacht

3538 Röthenbach i.E.
Restaurant Chuderhüsi

3474 Rüedisbach
Restaurant zum Wilden Mann

3417 Rüegssau
Restaurant Bären

3418 Rüegsbach
Restaurant Krone
Gasthof Zur Säge

4539 Rumisberg
Bergrestaurant Hinteregg

6197 Schangnau
Gasthof Rosegg
Hotel Kemmeriboden-Bad
Hotel Löwen

3535 Schüpbach
Restaurant Kreuz

3534 Signau
Restaurant Bahnhof

3454 Sumiswald
Landgasthof Bären
Restaurant zum Kreuz
Forum Sumiswald

3556 Trub
Landgasthof Löwen

3555 Trubschachen
Gasthaus Bäregghöhe
Gasthof Hirschen

4937 Ursenbach
Gasthof zum Löwen

3427 Utzenstorf
Gasthof Bären

3512 Walkringen
Restaurant Hotel Rüttihubelbad

3380 Wangen an der Aare
Hotel Krone

3457 Wasen i. E.
Hotel Lüderenalp
Restaurant Kuttelbad

3428 Wiler b. Utzenstorf
Restaurant Schoris, Bahnhof

3425 Willadingen
Restaurant Frohsinn

3472 Wynigen
Restaurant Bahnhof
Gasthof Linde

3532 Zäziwil
Hotel Appenberg

Sport- und Schuhgeschäfte

3360 Herzogenbuchsee
Sirius-Outdoor AG

Transportunternehmungen

3552 Bärau
Taxi Beutler

3001 Bern
BLS AG
Postauto Schweiz AG,
Region Bern

3400 Burgdorf
Busland AG

4900 Langenthal
Aare Seeland mobil AG

Die Natur verdient Respekt

Beim Wandern erhält man vielfältige, beglückende Naturerlebnisse. Damit dieser Gewinn nicht auf Kosten der Natur selbst erfolgt, sollten Wandernde einige einfache Verhaltensregeln beachten.

Pflanzen schonen
Wildwachsende Pflanzen und Bäume sind eine Zierde. Viele von ihnen stehen unter Schutz. Besondere Schonung benötigen Jungwuchs und Hecken, bilden sie doch den Lebensraum für viele Tierarten.

Tiere respektieren
Mensch wie Tier brauchen Ruhe und Erholung. Manche Tierarten sind schreckhaft und reagieren deshalb besonders empfindlich auf Störungen. Rücksichtsvolles Verhalten ermöglicht interessante Beobachtungen.

Vorsicht mit Feuer
Der Wald dient als Erholungsraum und Schutzwall. 200 Jahre dauert es, bis ein starker Wald hochgewachsen ist. Wenige Stunden reichen aus, um ihn abzubrennen. Rücksichtsvolle Waldbesucher werfen weder brennende Raucherwaren weg, noch erstellen sie willkürliche Feuerstellen.

Wege benutzen
Trampelpfade sind nicht nur unschön, sondern vernichten auch wertvolles Kulturland. Der Natur nähert man sich zu Fuss. Querfeldeinfahrten schädigen die Pflanzenwelt und stören das Wild.

Abfälle einpacken
Erholungssuchende möchten sich nicht über achtlos weggeworfenen Unrat ärgern. Herumliegende Abfälle können zudem zur Gefahr für Mensch und Tier werden.

Rücksicht auf andere
Rücksicht auf Andere wird auf Wanderwegen gross geschrieben: Fremdes Eigentum ist zu respektieren, Wiesen und Felder werden nicht zertrampelt, Weidegatter stets geschlossen. Hunde sind anzuleinen und weder in Viehtränken zu tränken noch zu baden.

Notfall – was nun?

Wandern gilt zwar als ausgesprochen risikoarme Freizeitaktivität. Doch gerade aufgrund der hohen Zahl an Wanderfreudigen kommt es leider auch auf Wanderwegen zu Unfällen. Die nachstehende Auflistung von Verhaltensmassnahmen bei Unfällen gilt einzig als Faustregel. Wo immer möglich ist Fachhilfe (Arzt, Rettungsdienst) beizuziehen.

Quelle: www.samariter.ch

Massnahmen bei Notfällen

🔴 Schauen

- Situation überblicken
- Was ist geschehen?
- Wer ist beteiligt?
- Wer ist betroffen?

🔺 **Denken**

- Folgegefahren für Helfer und Patienten erkennen
- Gefahr für Unfallopfer?
- Gefahr für Helfende?
- Gefahr für andere Personen?

🟩 **Handeln**

- Sich selbst vor Gefahren schützen
- Notfallstelle absichern
- Nothilfe leisten (evtl. Patienten aus der Gefahrenzone bergen, lebensrettende Sofortmassnahmen)
  Fachhilfe anfordern (Tel. 144)

Massnahmen bei Blutungen

- Verletzte Person flach lagern
- Verletzten Körperteil hochhalten
- Fingerdruck an geeigneter Stelle
- Blutung mit Druckverband stoppen
- Nach der Blutstillung den verletzten Körperteil hoch lagern und ruhig stellen
- Fachhilfe anfordern (Tel. 144)

Massnahmen bei Bewusstlosigkeit

- Nichts zu trinken geben
- Den Bewusstlosen in Bewusstlosenlage bringen
- Fachhilfe anfordern (Tel. 144)

Bewusstlosenlagerung

- Kopf sorgfältig nach hinten, Gesicht schräg nach unten drehen (freier Abfluss aus dem Mund)
- Den Patienten dauernd überwachen
- Den Patienten mit einer Decke/Jacke zudecken

Massnahmen bei Schock

(Massive Störung der Blutversorgung im Körper)
- Unnötige Bewegungen und Schmerzen vermeiden
- Betroffene Person beruhigen, gut zusprechen
- Vorhandene äussere Blutungen stillen
- Nichts zu trinken geben
- Vor Kälte und übermässiger Hitze oder Sonne schützen
- Fachhilfe anfordern (Tel. 144)

Beatmung

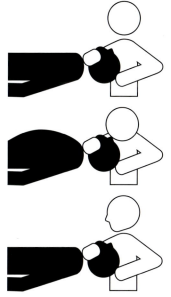

- Verunfallte Person auf den Rücken legen. Kopf schonend, aber vollständig nach hinten strecken.
- Unterkiefer gegen den Oberkiefer drücken.
- 12 bis 15 Beatmungsstösse pro Minute in die Nase blasen.
- Nach den ersten zwei Beatmungsstössen Kontrolle auf Eigenatmung durchführen.
- Wenn negativ, mit Beatmung weiterfahren, bis Eigenatmung einsetzt.

Notruf

Wichtige Telefonnummern (ohne Vorwahl)	
Schweizerische Rettungsflugwacht	1414
Internationaler Notruf	112
Sanitätsnotruf	144
Polizeinotruf	117
Wetterbericht	162

Notsignale für Rettungshelikopter

Schweizerische Rettungsflugwacht

«Yes» –Wir brauchen Hilfe!

«No» – Keine Hilfe nötig!

Meldeschema

- **Wer** meldet?
- **Was** ist geschehen?
- **Wann** ist der Unfall geschehen?
- **Wo?** (genaue Ortsangabe)
- **Wie viele** Personen sind betroffen?
- **Weitere** Gefahren?

Militärische Schiessübungen

Im Alpen- und im Voralpen-Gebiet finden im Frühsommer und im Spätherbst militärische Gefechtsschiessen statt.

Zusätzlich zu den offiziellen Schiessanzeigen und den amtlichen Publikationen erteilt Tel. 031 324 25 25 genauere Informationen.

Achtung Blindgänger!

Nie berühren! Markieren! Melden! Tel. 117

Begegnung mit Kühen und Hunden

Emmental und Oberaargau werden auch heute noch weitgehend landwirtschaftlich genutzt. Besonders die hochgelegenen steilen Alpweiden lassen aus wirtschaftlichen Gründen oft nur Viehhaltung und Milchwirtschaft zu. Auch der treue Wächter des Bauernbetriebs, der Hofhund, ist überall anzutreffen. Begegnungen mit Kühen und Hunden sind weniger konfliktreich, wenn gewisse Regeln eingehalten werden.
Die neuen Haltungsformen gewähren den Tieren im Laufstall und auf der Weide viel Freiheit. Durch die Mutterkuh- und Ammenhaltung entwickeln die Kühe einen ausgeprägten Trieb, ihren Nachwuchs zu beschützen. Zudem sind sie scheuer, weil sie nicht, wie Milchkühe, zweimal täglich gemolken werden. Weiter befinden sich vermehrt Stiere auf den Weiden, die den Menschen oft als Konkurrenten betrachten. Dazu kommt, dass auf abgelegenen, selten begangenen Alpweiden die Tiere ohnehin weniger mit Wandernden vertraut sind.

Verhaltensregeln beim Queren von Weiden

- Beim Betreten der Weide sollte man sich ruhig bewegen. Tiere nicht aufscheuchen oder verängstigen. Sich «anmelden», indem man mit den Kühen spricht. Weidegatter schliessen.

- Falls sich ein einzelnes Tier nähert, ruhig bleiben. Das Tier beobachten, ihm jedoch nicht den Rücken zuwenden. Bei Drohgebärden des Tieres ist das Revier langsam rückwärts zu verlassen.

Kuhherden sollten wenn möglich nicht durchquert, sondern umwandert werden.

- Stieren und Mutterkühen gegenüber einen Sicherheitsabstand von mindestens 20 m einhalten. Drohgebärden wie Scharren oder Hin- und Herstampfen ernst nehmen. Tiere nie reizen.

Zu fast jedem Bauerngut gehört auch ein Hofhund. Hunde beissen in der Regel nicht – es sei denn, sie hätten einen Auftrag zu erfüllen. Ein

Der Ursprung der Viehzucht im Bernerland wird in den Mauern des Klosters Einsiedeln vermutet. Im 13. Jh. wurden dort Rotvieh und Rotschecken gezüchtet. Unter dem Schutz Berns durften sich ab 1459 auch die Bauern der Viehzucht widmen. Längst werden aber die ursprünglichen Rassen, je nach Bedarf, mit importierten Tieren gekreuzt.

Der Berner Sennenhund ist als «Familienhund» besonders beliebt: Geduld, Liebenswürdigkeit, ja sogar Verspieltheit werden ihm zugeschrieben. Ein feines Gespür erlaubt es Hunden bereits auf Distanz festzustellen, ob ihnen mit Sympathie oder Ablehnung begegnet wird. Ruhiges, freundliches Auftreten vermeidet unliebsame Konfrontationen.

Wachhund, der seinen Hof, sein Gelände bewacht, versteht keinen Spass. Er hat einen Auftrag zu erfüllen. Ein Treibhund, der seine Herde zusammenhält und bewacht, reagiert unwirsch auf Störungen. Wandernde begegnen meist Hofhunden. Diese tauchen oft unvermittelt auf und ängstigen Ahnungslose. Wie verhält man sich nun?

Grundsätzliche Verhaltensregeln gegenüber Hofhunden

- Hunde in Ruhe lassen. Hofhunde schätzen es in der Regel, nicht gestört zu werden. Unbekannte Hunde nicht berühren (gilt insbesondere für Kinder).

- Den Auftrag des Hundes (Bewachung) unbedingt respektieren. Ruhig und vielleicht mit ein paar freundlichen Worten weiterwandern («Ja, bisch e guete Bäru; reg di nid uf, i ga verby.»). Sichtkontakt behalten.

- Das Revier des Hundes achten. Nötigenfalls einen Umweg in Kauf nehmen.

Hunde haben ein sehr feines Sensorium: Sie merken auf Distanz, ob man ihnen mit Sympathie, Ablehnung, Angst oder Aggression entgegentritt. Ruhiges, sicheres und freundlich-bestimmtes Auftreten vermeidet Konfrontationen. Mit Stöcken hantieren, Steine aufheben oder davonrennen sind schlechte Voraussetzungen für ein friedliches Nebeneinander.

Zum Schluss noch eine Bitte an wandernde Hundehalter: Auf Alpweiden wie auf dem Kulturland in den Niederungen sollten sie unbedingt Robidogs verwenden. Mit Hundekot verunreinigtes Gras kann bei Kühen zu gesundheitlichen Problemen führen. Das Tränken oder gar das Baden des Hundes in Tränken und Weidetrögen ist aus hygienischen Gründen zu unterlassen.

Jeremias Gotthelf – der zeitlose Zeitkritiker

«Es traten eines Sonntagabends zwei gut ange-
zogene Menschen in die Gaststube, nicht mehr
ganz jung, hatten ein halbgelehrtes Aussehen;
der eine war schwarzbraun, der andere flachs-
haarig, der eine trank seinen Wein aus einem
Bierglas, der andere aus einem Spitzglas. Sie
begannen bald mit einem Bauern eine Unterhal-
tung in einer Sprache, von der man nicht recht
wusste, war es Berndeutsch in Hochdeutsch ver-
wandelt oder Hochdeutsch in Berndeutsch. Sie
fragten, wie man zufrieden sei mit der gegenwär-
tigen Regierung.

Meine Bauern, diplomatisch vorsichtig, wie sie
waren, zuckten die Achseln und brauchten die
gewöhnliche Redensart: Man müsse zufrieden
sein, dass es nicht noch schlechter ginge, besser
könnte es aber auch gehen. Jene lachten auf und
sagten, das meinten sie auch, aber kaum schlechter; die neuen Regenten seien gerade wie die alten, sie hätten das Volk vergessen und dächten
nur an sich. Man solle nur bedenken, was in der
Verfassung versprochen worden und was man
gehalten. Das Volk sei unterdrückt, ja, und von
Lasten erdrückt. Habe man etwa den Zehnten
abgeschafft, wie in der Verfassung versprochen
worden sei und der ehrenfeste und treue W. von
U. so bündig auseinandergesetzt habe? Habe der
Staat die Armen übernommen, wie verheissen
worden sei? Hätten sie etwas von den reichen
Stadtgütern erhalten, die im Lande zusammen-
gestohlen wurden? Von dem allem sei nichts
geschehen und werde nichts geschehen, solange
diese Volksverräter an der Spitze stünden, aber
die müssten runter, es gebe noch andere Leute,
die es mit dem Volke besser meinten.

Die Bauern horchten hoch auf, das Ding gefiel
ihnen, jeder rechnete schnell nach, wie viel ihm
das jährlich ziehen müsste, und dass das alles
verheissen sei, zweifelten sie keinen Augenblick,
bewiesen jene zwei Volksfreunde es ja mit der
Verfassung, die ihnen noch nie so schön und ver-
ständlich ausgelegt worden war. Sie gaben ihren
Beifall zu erkennen, doch nur mit halben Worten,
und liessen einige Äusserungen laufen gegen
einzelne Regenten.

Jeremias Gotthelf (1797–1854) um 1844,
Porträt von Johann Friedrich Dietler.

Nun war jenen Herren noch mehr angeholfen,
der Weisshaarige kam in neues, grösseres Feuer,
während der Andere unvermerkt hinausging. Er
rückte den Bauern immer näher, aus dem Bier-
glase verschwand der Wein immer schneller, er
kümmerte sich aber gar nicht darum, welches
seine Flasche sei, er schenkte sich ein aus jedem
Schoppen, jeder Halbi, welche er fassen konnte,
und wenn die Wirtin den Eigentümer fragte, ob
sie noch eine geben solle, so sagte der Begeis-
terte: «Versteht sich!» Er verstieg sich immer
höher und erklärte ihnen den eidgenössischen
Verfassungsrat, wie die ganze Schweiz eins werden, alle Kantönlein runter müssten; dann müsse
man die neuen Regenten ausjagen und die bes-
sern wählen, wo man sie fände, seien es Grie-
chen oder Türken, Italiener oder Polacken; dann
müsse man allen Tyrannen den Garaus machen,
Deutschland, das herrliche, frei schlagen und
dem verfluchten Frankreich den Krieg erklären.
Mit den Augen sahen meine Bauern ihrem Wein
nach, wie der verschwand, mit den Ohren hör-
ten sie viele Dinge, die sie nicht verstanden,
aber doch von Polacken und Krieg, und von
beiden wollten sie nichts. Ihr voriges Zutrauen
verschwand. So sehr ihnen der erste Teil gefallen hatte, so sehr missfiel ihnen der zweite und
obendrein besonders die ungenierte Gütterge-
meinschaft.»

Dieses Zitat aus dem 40. Kapitel von Jeremias Gotthelfs «Bauernspiegel» ist ein eindrückliches Zeugnis der Aktualität und der Gestaltungskraft des grossen emmentalischen Schriftstellers. Sachverständige reihen den Pfarrer von Lützelflüh heute neben die grössten Dichternamen wie Shakespeare, Balzac, Dostojewski oder Dickens ein. Als genauer Beobachter und unbequemer Zeitkritiker ist er zeitlos.

Wer der Vielseitigkeit von Gotthelfs Schaffen wandernd vertieft begegnen möchte, findet im Spezial-Wanderführer «Auf Gotthelfs Spuren durchs Emmental» (Hans Schüpbach / Hans Künzi, Ott-Verlag, Thun) 19 Wanderungen zu bedeutsamen Schauplätzen im Leben und Werk des Dichters.

Blick von der Gotthelf-Gedenkstätte oberhalb Lützelflüh auf Kirche, Pfarrhaus und Pfarrhaus-Speicher. In diesem sind Erinnerungsstücke an Jeremias Gotthelf, Bildnisse und Plastiken sowie Handschriftliches zu sehen. Gotthelf-Grabstätte und Denkmal befinden sich bei der Kirche, der Ueli-Brunnen («Uli der Knecht», «Uli der Pächter») beim nahen Schulhaus.

Der Verein Berner Wanderwege

Wichtigste Vereinstätigkeiten:

Planung und Signalisation des 10'000 km
langen Wanderroutennetzes im Kanton Bern.

Wegebau, Beratung und Unterstützung der
Gemeinden in Wegebau-Angelegenheiten.

Information über das Wanderangebot im Kanton
Bern mittels der Zeitschrift «wandern» und dem
Online-Routenplaner wanderprofi.ch.

Dienstleistungen für die rund 12'000 Mitglieder
der Berner Wanderwege mit den Schwerpunkten
Wanderbücher, Wanderkarten, geführte Wanderungen, Shop und Auskunftsdienst.

Die Berner Wanderwege setzen sich für die Interessen der Wanderer ein. Mit Ihrer Mitgliedschaft
unterstützen Sie die wichtige Arbeit des Vereins
und geniessen zugleich folgende Vorteile:

- Kostenloser Zugang zur Internet-Plattform
  wanderprofi.ch
- Vergünstigte Buchung von Wanderreisen
- Rabatte auf Wanderkarten und
  Wanderbüchern
- Zeitschrift «wandern» (4 x jährlich kostenlos)

**Wer gerne wandert, wird Mitglied der
Berner Wanderwege.**

Berner Wanderwege
Postfach
Moserstrasse 27
3000 Bern 25
Tel. 031 340 01 11
www.bernerwanderwege.ch

Wanderbücher

3091

3092

3093

3094

3095

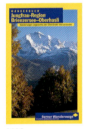

3096

3097

3098

3099 français

3100

3101 deutsch
3102 français

3103

Mit der BLS zum Wandervergnügen.

Erkunden Sie mit der BLS die Region Emmental-Oberaargau. Die BLS bringt Sie direkt an den Ausgangspunkt Ihrer Wanderung. Verbinden Sie Ihre Wanderung mit einem Besuch im Kambly Erlebnis in Trubschachen.

Dieses und weitere buchbare Angebote mit vergünstigter Anreise oder Gutscheinen finden Sie in der BLS Ausflugsbroschüre oder unter **www.bls.ch/ausflug**

bls.Ausflug

Register

Die Ziffern geben die Routennummern an. Weil die Sprache lebt, sind Nomenklaturen ständigen Wechseln unterworfen. Die in diesem Buch verwendeten Ortsnamen stützen sich in der Regel auf die Landeskarte der Schweiz 1:25 000.

128

Berner Wanderwege
Berne Rando

Die Berner Wanderwege setzen sich für die Interessen der Wanderer ein. Hauptaufgabe des gemeinnützigen Vereins ist die Signalisierung der Wanderwege im ganzen Kanton Bern. Als Mitglied unterstützen Sie die Berner Wanderwege und nutzen gleichzeitig die folgenden Vorteile:

– Sie erhalten 4 x jährlich unsere Zeitschrift «wandern» mit Wandervorschlägen und vielen Informationen ums Wandern
– Auf Wanderbüchern und Wanderkarten gewähren wir Ihnen erhebliche Vergünstigungen
– Bei unseren geführten Wanderungen, Wanderreisen und Kursen profitieren Sie von attraktiven Mitgliederrabatten
– Unseren elektronischen Routenplaner **wanderprofi.ch** nutzen Sie kostenlos

Wir weisen Ihnen den Weg

Ich wünsche: **Mitglied der Berner Wanderwege zu werden**
☐ als Einzelmitglied (Jahresbeitrag CHF 50.–)
☐ als Familienmitglied (Jahresbeitrag CHF 70.–)

Ich wünsche: **Wanderkarten 1:50 000** (22.50/18.50* + Porto)
☐ Gantrisch ☐ Interlaken ☐ Bern ☐ Escholzmatt
☐ Solothurn ☐ Willisau ☐ Olten
Wanderkarten 1:25 000 (32.50/27.50* + Porto)
☐ Bern und Umgebung ☐ Napf

Viele weitere Karten auf: www.bernerwanderwege.ch/Shop oder
bei uns im Shop an der Moserstrasse 27, 3005 Bern

Ich wünsche: **Wanderbücher** (CHF 22.80/19.–* + Porto)
☐ Berner Jura – Bielersee – Seeland
☐ Jura bernois – Lac de Bienne – Seeland (f)
☐ Emmental Oberaargau
☐ Region Bern – Gantrisch
☐ Saanenland – Simmental – Diemtigtal
☐ Thunersee – Frutigland
☐ Jungfrau – Region – Brienzersee – Oberhasli
☐ Berner Oberland, Rundwanderungen
☐ Bernerland, Rundwanderungen
☐ Passwege im Berner Oberland
☐ Welterbe Jungfrau – Aletsch – Bietschhorn
☐ Jungfrau – Aletsch – Bietschhorn (f)
☐ Schneepfade im Berner Oberland

Zutreffendes bitte ankreuzen | * Mitgliederpreis

Vorname/Name: _____

Geburtsdatum: _____

E-Mail: _____

Adresse: _____

PLZ, Ort: _____

Datum/Unterschrift: _____

Bitte Karte ausfüllen, abtrennen und einsenden.

Berner Wanderwege
Berne Rando

Berner Wanderwege | Moserstrasse 27 | 3000 Bern 25
T 031 340 01 11 | info@bernerwanderwege.ch

Wir weisen Ihnen den Weg.

Berner Wanderwege
Postfach
3000 Bern 25